历史教学评价的

理论指导与实践策略

李碧珍 ◎ 著

中国商业出版社

图书在版编目（CIP）数据

历史教学评价的理论指导与实践策略 / 李碧珍著.

北京 ： 中国商业出版社，2024. 8. -- ISBN 978-7-5208-
3066-9

Ⅰ. G633.512

中国国家版本馆CIP数据核字第2024FM8007号

责任编辑：陈　皓

策划编辑：常　松

中国商业出版社出版发行

（www.zgsycb.com　100053 北京广安门内报国寺1号）

总编室：010-63180647　编辑室：010-83114579

发行部：010-83120835/8286

新华书店经销

河北万卷印刷有限公司印刷

*

710 毫米 × 1000 毫米　16 开　13.5 印张　210 千字

2024 年 8 月第 1 版　2024 年 8 月第 1 次印刷

定价：88.00 元

* * * *

（如有印装质量问题可更换）

　　历史教学承担着对学生进行思想性、基础性、人文性和综合性教育的重要责任。这个阶段的历史教学不仅关注对学生历史知识的传授，更重视通过历史教育引导学生形成正确的世界观、人生观、价值观、科学的思维方式和高尚的道德品质，即通过历史教育落实立德树人根本任务。这对学生了解中外历史发展、传承人类文明、提高人文素养、认识社会发展规律、培养家国情怀以及拓宽国际视野具有十分重要的作用。

　　在历史教学中，教学评价发挥着至关重要的多重作用，不仅能评估学生对历史知识的掌握程度，还能对学生的思维方式、情感态度和价值观进行评价，从而识别学生的具体学习需求并推动他们的全面发展。教学评价为教师提供了必要的反馈，能够帮助他们评估所采用的教学方法和教学内容的效果，使教师能够调整教学策略，从而提高教学质量。有效的教学评价能激励学生积极参与历史学习，鼓励他们进行独立思考和分析，并指导他们如何利用历史知识来解决现实问题。教学评价还能通过强调历史学习的实际应用，增强学生对于承担社会责任的意识，培养他们成为能够为社会积极作贡献的公民。

　　《义务教育历史课程标准（2022年版）》指出，历史课程的评价要以历史课程目标、课程内容、学业要求和学业质量为依据，以培育学生核心素养为出发点和落脚点，综合发挥评价与考试命题的导向、鉴定、诊断、激励、调控和改进功能，准确判断学生核心素养的达成度。

　　本书共由八章组成。第一章阐述了初中历史教学评价的内涵、功能、分类和内容。第二章介绍了支撑历史教学评价的主要理论，包括建构主义理论、人本主义理论、多元智能理论和教育评价理论。第三章讨论了教学评价的意义，强调了教学评价在培养学生核心素养、提高教师专业水平、促进学习方式的转变和实现"教—学—评"一体化中的作用。第四章提供了教学评价的框架支撑，包括评价的主体、原则、方式和工具。第五章至第八章分别探讨了即时评价、表现性评价、发展性评价和学业质量评价，每种评价方式的内涵和实施方法都有详尽的讨论。整体而言，本书为初中历史教师提供了一套完整的教学评价理论与实施策略，旨在通过科学、有效的评价提高教师教学质量和学生学习成效。

　　本书具有以下特点：第一，在内容上，本书紧跟教育改革的最新趋势，融合了最新的教育理论和具体的教学实践案例，让读者能够全面了解到当前初中历史教学评价的最新发展和应用；第二，在结构上，本书精心设计了从理论到实践的层次递进结构，通过系统的理论阐述和丰富的案例分析，使读者可以逐步深入理解并掌握历史教学评价的方法和策略；第三，本书从多个维度探讨了教学评价，包括评价的意义、方法、实施策略及其对教师和学生发展的影响，确保读者能够多角度、全方位地掌握初中历史教学评价的核心内容和实际操作。总体来说，本书为初中历史教师提供了一个实用指南，能够帮助他们提高教学评价的专业能力。

　　由于编者时间、水平有限，书中难免存在疏漏之处，恳请广大读者批评指正，以便在未来的研究中不断完善和提高。

第一章 历史教学评价的基本知识 / 1

    第一节 历史教学评价的内涵 / 2

    第二节 历史教学评价的功能 / 4

    第三节 历史教学评价的分类 / 10

    第四节 历史教学评价的内容 / 15

第二章 历史教学评价的理论支撑 / 25

    第一节 建构主义理论 / 26

    第二节 人本主义理论 / 32

    第三节 多元智能理论 / 37

    第四节 教育评价理论 / 46

第三章 历史教学评价的意义 / 53

    第一节 培养学生的核心素养 / 54

    第二节 提高教师的专业水平 / 63

    第三节 促进学习方式的转变 / 68

    第四节 实现"教—学—评"一体化 / 79

第四章 历史教学评价的框架支撑 / 91

    第一节 历史教学评价的主体 / 92

第二节　历史教学评价的原则　/　96

第三节　历史教学评价的方式　/　102

第四节　历史教学评价的工具　/　110

第五章　关注课堂教学，实施即时评价　/　115

第一节　即时评价概述　/　116

第二节　即时评价的原则　/　120

第三节　即时评价的实施　/　125

第四节　即时评价的注意事项　/　134

第六章　关注学习过程，实施表现性评价　/　139

第一节　表现性评价概述　/　140

第二节　表现性评价的分类　/　145

第三节　表现性评价的实施　/　149

第七章　关注主体发展，实施发展性评价　/　155

第一节　发展性评价概述　/　156

第二节　发展性学生评价　/　162

第三节　发展性教师评价　/　169

第八章　关注素养考查，实施学业质量评价　/　179

第一节　学业质量评价概述　/　180

第二节　学业质量评价的目标　/　185

第三节　学业质量评价的命题要素　/　189

第四节　学业质量评价的创新实践　/　197

参考文献　/　203

第一章

历史教学评价的基本知识

第一节　历史教学评价的内涵

一、历史教学评价的含义

历史教学评价是一个综合性的评估过程，旨在通过科学的方法系统评价历史教学的各个方面。这一过程基于设定的课程目标、教师的职责要求以及学生的学习实际，涉及对教学内容、教学方法、学习效果及其他相关因素的全面分析和判断。这种评价的目的是提供反馈，支持教学决策，促进学生的学习成长，提高教学质量，推动历史教育的持续改进和创新。

历史教学评价需要明确教学目标，这些目标应当与历史学科的教育要求和学生发展的需求相符合。在评价过程中，教师要重点关注这些教学目标是否得到实现，包括学生能否掌握关键的历史知识、能否提高相应的思维技能以及能否在历史学习中培养出正确的价值观和态度。评价还需关注教学过程本身，包括教师的授课质量、教学方法的适宜性、课堂互动的有效性以及教学资源的利用情况等。这不仅涉及对教师教学行为的观察，还涉及对教学环境和学生参与度的评估。通过这些多角度的分析，教师可以全面了解历史课堂的教学现状，识别存在的问题，并提出具体的改进建议。

历史教学评价的核心是提供服务和决策支持，帮助教师调整教学策略，优化教学内容，改进教学方法。这种评价可以确保历史教育不再仅仅停留在知识的传授上，而是重视学生能力的培养和历史思维的发展，能够更好地满足社会发展的需求，培养学生的历史意识和历史责任感。

二、历史教学评价的依据

历史教学评价的依据是一系列明确的教学目标和标准，这些目标和标准由中华人民共和国教育部（以下简称"教育部"）制定，反映了国家的教育意志和阶段性教育要求。这些目标不仅为历史教学提供了方向，还构成了评价历史教学质量的核心标准。通过这些明确的教学目标，教学评价活动能够具体化和实证化，使评价过程具有明确的导向和可操作性。

在实施历史教学评价时，教师必须考虑到学生的具体学习情况以及个体间的差异。学生的历史学习情况受多种因素影响，包括个人的认知能力、学习动机以及家庭和文化背景等。因此，教学评价应当根据不同地区、不同学校的具体条件以及学生群体的特点来设计。这种差异化的评价方案可以更有效地反映学生的真实学习状况，有助于教师调整教学方法和内容，以满足不同学生的学习需求。在初中阶段的历史教学过程中，教师的评价同样是教学评价的重要组成部分。教师评价不仅要考查教师是否完成了教学目标，还要对其教学方法、课堂管理、与学生的互动以及专业发展等方面进行综合考量。评价教师的工作不仅是对教师教学成效的衡量，也是对其专业能力和职业素养的评估。通过这种全面评价，教师可以识别教学中的优势和需要改进的地方，进而提高教学质量和增强教学效果。

三、历史教学评价的本质

历史教学评价的本质是对教学活动中的各项成果进行系统的价值判断，确定这些活动在实现教育目标方面的实际效果和潜在价值。评价过程涵盖了定性和定量的判断，旨在通过具体的数据和信息分析，提供关于教学成效的深入见解。这种价值判断基于对现实情况的详尽描述，并依据设定的教育标准和目标进行。在初中阶段的历史教学中，评价通常涉及对学生学习成果的度量，如通过考试、作业和其他形式的评估来判断学生是否理解和掌握了历史知识和技能。此外，评价还关注教师的教学方法和教学策略是否有效，以及这些教学活动是否促进了学生的全面发展。这一过程不仅能够帮助教师了解学生在历史课程学习中的进展，还能为教师提供调整教学计划和方法的依据，以更好地满足学生的学习需求。

历史教学评价的过程是客观性与主体性的统一。虽然评价活动大多基于客观事实进行（如考试成绩和课堂表现），但评价的标准和结果往往受到评价者个人需要和教育理念的影响。例如，不同的教师可能会根据他们对学生能力的理解和课程目标的解释，对同一学生的表现给出不同的评价。因此，有效的历史教学评价需要清晰的标准和多元的视角，以确保评价的全面性和公正性。

第二节　历史教学评价的功能

在历史教学工作中，历史教学评价具有重要作用，它的功能主要体现在五个方面：导向功能、诊断功能、激励功能、鉴定选拔功能和反馈调节功能。

一、导向功能

历史教学评价的导向功能体现在历史教学评价能够明确和引导教学目标的实现过程，确保教学活动能有效地达到预设的教育目标。以初中历史为例，在其教育中，评价活动不仅关注学生对历史知识的掌握程度，还关注他们历史思维能力的发展，如批判性思维、历史分析能力以及对历史事件的理解与应用能力。通过系统的评价，教师可以清楚地了解到教学过程中的优势和不足，从而调整教学策略，优化教学内容，确保教学方向与教育目标的一致性。

历史教学评价通过设定明确的学习目标（如对重大历史事件的了解、历史文献的分析技巧、历史时期的比较等），引导学生系统地学习历史。这种评价不仅能帮助学生建立系统的历史知识框架，还能激发他们对历史学习的兴趣，培养他们将历史知识应用到现实生活中的能力。通过对这些学习目标进行持续评价，教师可以监测学生学习的进度和质量，及时发现学习中的问题，并通过具体的教学调整帮助学生更好地消化和吸收历史知识。在实际操作中，如初中历史的教学评价的导向功能还体现在促进教师教学方法的创新上。评价结果可以反馈给教师，指导他们在未来的教学中更有效地运用多元化的教学方法和技术（如项目式学习、角色扮演、辩论等），使历史课堂更加生动和富有吸引力。通过对这些方法的应用，学生能够在实际的历史学习中提高学习能力，同时达到教学评价所设定的学习目标。因此，历史教学评价不仅是一个反馈机制，更是一个推动教育创新和发展的重要工具。

二、诊断功能

诊断功能是指教学评价能够对教育活动中存在的问题进行揭示与分析，找到问题的原因所在，进而促使教师提出改进和补救建议。从教师教学的角度来看，诊断功能具体表现在以下三个方面。

（一）诊断学生整体的学习问题

在历史教学中，诊断整体学习问题是一个至关重要的评价功能。这种诊断不仅关注个别学生的学习障碍，还关注班级或年级层面上的共通问题。利用这种系统性的评价，教师可以深入了解学生在历史学科学习过程中普遍遇到的问题，进而识别这些问题的性质和程度，探索潜在的原因。这一过程为教师提供了调整教学策略的依据，能够帮助全体学生更好地实现学习目标。

以初中历史教学为例，在进行历史教学评价时，教师可能会发现学生普遍难以理解某一历史时期的经济结构或政治变迁，这种发现可以提醒教师在这些领域加强教学。教师可通过增加更具体的案例研究、使用多媒体教学资源或组织小组讨论来帮助学生深化理解。教师还可能会发现学生在使用历史材料进行批判性分析时普遍存在问题，这可能是因为学生缺乏有效的分析技能或未能理解材料的历史背景。针对这一问题，教师可以设计更多的练习（如文档分析训练或历史背景介绍），以增强学生的分析能力和历史意识。

对整体学习问题的诊断可以使教师更精确地定位历史教学中需要加强的部分。这不仅能够提升教学的针对性和有效性，还能够提高学生的学习动机和学习成果。例如，如果评价发现学生对历史事件的因果关系理解不足，教师可以在教学中引入更多关于因果逻辑的讨论，帮助学生建立历史思维框架，从而更系统地理解历史发展的连贯性。

（二）诊断学生个体的学习问题

历史教学评价能通过定期的测验、作业和其他形式的评估，帮助教师了解每位学生在历史学科上的学习状态，从而诊断学生个体的学习问题。教师可以通过考查学生对重要历史事件、历史人物、历史变革等内容的理解程度，来识别学生在哪些具体内容上存在理解上的偏差或缺失。这样的评价也可以体现学生在使用历史思维技能方面的强项和弱点，如批判性思考、因果关系分析、历史证据的评估等。分析这些具体的数据可以帮助教师对学生的学习问题进行有针对性的诊断，找出学习困难的根源。

历史教学评价的诊断功能还能够帮助教师根据学生的具体表现，为学生设计个性化的教学计划。根据学生在历史学习中的表现，教师可以提供差异化的学习材料和任务，调整教学节奏，采用不同的教学方法（如更多地利用讨论、角色扮演或多媒体教学法），以适应不同学生的学习风格和能力。这种基于诊断的教学调整不仅能够提高学生的学习效率，还能激发学生对历史学习的兴趣。

（三）诊断教师可能出现的教学问题

在初中阶段的历史教学中，教学评价不仅能够衡量学生的学习成果，还能够为教师的教学实践提供重要的反馈机制。这种评价使教师能够深入了解自身教学策略的有效性、教学目标的合理性以及教学方法和手段的恰当性。教师在这一过程中还可以评估自己是否有效地处理了教学中的重点和难点，进而针对发现的问题进行调整和优化。

在课堂教学中，教师在讲授复杂的历史事件（如战争）时，可能无法充分突出事件的因果关系，导致学生对事件的理解不够深入。在这种情况下，评价结果可以提示教师改进教学策略，如通过增加更多的示意图、时间线、因果图等视觉辅助工具，或者采用案例分析法来帮助学生更好地理解历史事件的内在逻辑。教学评价还能体现教师在使用教学资源方面的问题。在初中阶段的历史教学中，合适的教学资源对于提高学生的学习兴趣和学习效率至关重要。如果学生对某一历史时期或主题的兴趣不高，这可能是因为教学材料过于枯燥或者与学生的生活经验脱节。此时，教师应寻找或创造更加生动、贴近学生生活的教学材料和例子，以提高学生的学习动机和参与度。

三、激励功能

在历史教学评价中，激励功能发挥着至关重要的作用，不仅能够提高教师和学生的积极性，还能促进教学与学习效率的整体提高。评价活动通过积极的反馈和认可，可以极大地鼓舞师生，激发他们的斗志，引导他们进行反思和自我完善。在初中阶段的历史教学中，这一功能尤为重要，因为历史学科本身需要教师和学生在认知和情感上都有深入的交流和互动。

历史教学评价可以通过认可和表彰教师的创新教学方法和教学成效，激励教师持续研究和改进自己的教学实践。例如，当教师采用新的教学策略（如角色扮演、历史现场模拟等方法）取得良好的教学效果时，评价系统的积极反馈可以鼓励教师进一步探索和完善这些方法。这种积极的反馈有助于建立一种创新和向上的教学氛围，使教师更加积极地参与教学改革和专业发展活动。对于学生而言，历史教学评价通过正面的激励，可以显著提高学生的学习动机和自信心。在初中历史学习中，学生可能对复杂的历史事件和人物关系感到困惑或缺乏兴趣，而评价活动可以通过及时的正面反馈和认可学生的学习进步，激励学生更加主动地探索历史知识，改进学习策略，进而提高学业成绩。例如，当学生在历史项目研究或历史论文写作中表现出色时，适当的表扬和奖励可以增强他们继续深入研究的意愿和信心。

历史教学评价的激励功能还体现在对整个学习过程的深入分析和前后对比中。通过详细分析学生在初中历史学习中的成绩，识别他们在学习过程中的优势和短板，评价可以为教师和学生提供具体的改进方向。这种系统的分析和反馈机制不仅能够帮助学生和教师了解历史学习的具体进展，还能够促进学生在学习上以及教师在教学上的持续优化和发展。

四、鉴定选拔功能

在历史教学评价中，鉴定选拔功能同样发挥着至关重要的作用，不仅能评估教师和学生当前的教学和学习水平，还能决定教师未来的教育生涯和学生的职业发展的方向。这一功能具体体现在认可鉴定、资格鉴定和选拔评优三个方面，它们是教学评价体系中的重要组成部分。

（一）认可鉴定

认可鉴定在历史教学评价中扮演着核心角色。此功能通过系统的评价过程，能够判断教师和学生是否已经达到了教育部门或学校设定的特定教学和学习标准。学生在完成一个学期或学年的历史学习后，需要通过各种形式的评估（如期末考试、论文、项目作业等）来证明他们对历史知识的掌握程度和思维能力的发展。这种认可性评定不仅能够反映学生是否准备好进入下一个学习阶段（如从初中历史学习过渡到更深入的高中历史学习），还能帮助教师和学校了解教学策略的有效性。

对于教师而言，认可鉴定可能涉及评估他们是否适合继续从事更高级别的教学任务或承担特定的教学职责。通过评估教师的教学方法、学生反馈、同行评审和教学成果，学校能够判断教师的教学能力是否符合教育部门的期望和学校的要求，从而决定是否继续让他们从事历史科目的教师工作。

（二）资格鉴定

资格鉴定侧重评定初中历史教师是否具备某种特定的资格。在教学中，这种鉴定通常用于确定教师是否具备教授历史课程的资格，或是否符合晋升为高级教师的条件，涉及对教师历史学科知识深度、教学技能、课堂管理能力以及与学生和家长沟通能力的综合评估。通过这些评估，学校管理层可以做出决策，如是否应该为教师提供进一步的专业发展机会，或是否调整教师在历史教学中的角色和职责。

（三）选拔评优

在历史教学评价中，选拔评优功能具有重要的教育意义和实践价值。此功能主要通过比较和鉴别的方式，确定个体在群体中的相对位置以及他们在历史学科上的表现水平。这种评价方式不仅能够识别和奖励那些表现卓越的学生，还能为教师提供关于学生整体学习成效的重要信息，有助于教育资源的合理分配和教学策略的调整。

选拔评优在初中阶段的历史教学中通常表现在对学生历史知识和技能的比较和评估中。通过定期的历史测试、历史作文比赛或历史项目展示等活动，可以评估学生对历史事件、重要人物和文化背景的理解和应用能力。通过这些评价活动，可以明显看到学生之间在历史学科知识和思维能力上的差异，从而为选拔表现优异的学生提供依据。这不仅能够激励学生提升自身的历史学习水平，还能为他们未来参加更高级别的历史学习和竞赛打下基础。选拔评优还体现在对教师历史教学效果的评估上。通过对比各班级或各教师的历史教学成果，能够识别出教学方法和策略上的优势和不足。这种评估不仅有助于选拔和表彰教学成效显著的历史教师，还促使其他教师反思和改进自己的教学实践。一名教师如果能够连续多年培养出历史学科成绩优异的学生，这可能表明教师的教学方法特别有效，学校可以考虑将这名老师的教学经验在更广泛的范围内推广，以提高整体的教学质量。

五、反馈调节功能

在初中阶段的历史教学中，评价活动提供的反馈和调节机制起着至关重要的作用，不仅能够帮助教师优化教学策略，还能支持学生在学习过程中进行自我调整。通过有效的历史教学评价，教师和学生可以获得关于教学与学习状况的详尽反馈，这为教学的连续改进和学生学习方法的调整提供了依据。

历史教学评价的反馈可以帮助教师了解自己在教学过程中的表现水平，如在介绍复杂的历史事件或解释特定历史概念时的效果。通过学生的成绩和反馈，教师能够判断自己的教学方法是否有效、教学材料是否充分以及教学语言是否清晰。例如，如果多数学生在理解某个历史时期的政治变迁时表现出困惑，这可能表明教师在教授该部分内容时需要使用更多的辅助材料（如时间线、图表或多媒体资源），以帮助学生更好地理解和记忆。

反馈信息也能让学生了解自己在历史学习中的进步和不足。学生可以根据评价结果，如作业成绩、项目评估或同伴评价，来判断自己在哪些历史主题上掌握得牢固、哪些需要进一步加强。这种自我了解的过程对学生调整学习策略，如增加学习时间、改变复习方法或寻求额外的帮助是非常有益的。

历史教学评价的反馈还能促使教师和学生共同参与教学改进的过程。通过定期的评价和反馈，教师可以与学生讨论哪些教学方法最有效、哪些课堂活动最受欢迎，从而使教学更能满足学生的需求和兴趣。这种互动也有助于建立教师与学生之间的信任关系，增强学生的学习动机。

第三节　历史教学评价的分类

　　教学评价因其出发点和标准的差异而存在多种分类方式。根据评价基准的不同，教学评价可以分为绝对评价和相对评价两种类型。绝对评价是基于固定标准进行的评价，而相对评价是将学生的表现水平与其他学生相比较进行的评价。根据评价的方法，教学评价可以分为定性评价和定量评价。定性评价侧重描述性的评价，定量评价则侧重通过数字或量化方法来衡量学生的表现水平。

　　教学评价还可以根据教学的发展阶段分为三种类型：诊断性评价、形成性评价和终结性评价。诊断性评价可在教学开始前评估学生的基础能力；形成性评价是在教学过程中持续进行的，用于监测学习进度，并提供必要的调整；终结性评价则是在教学过程结束时进行的，可评估学生的总体表现水平和教学目标的实现程度。在历史教学的实践中，这些评价分类方法同样适用，能够帮助教师和学校更有效地监测和改进教学过程。

一、根据评价基准划分

　　在初中阶段的历史教学中，绝对评价和相对评价是两种常用的评价方法，它们可根据不同的标准和目的对学生初中历史的学习进行评估。

（一）绝对评价

　　绝对评价在初中阶段的历史教学中依据的是外部设定的标准，通常是与课程标准或学习目标直接相关的评判细则。在这种评价方法中，学生的每一项成绩都会与这些客观标准进行比较，以确定学生是否达到了预定的学习目标。例如，如果课程目标要求学生能够详细描述中世纪欧洲的主要历史事件，教师会通过具体的评价活动（如项目报告或论文）判断学生的表现水平是否符合这一标准。绝对评价的优势在于它提供了一个明确的、不随学生群体变化而变化的评价基准，有助于确保所有学生都能达到一定的学习水平。这种评价方式使教师能够精确地衡量每个学生对历史知识的掌握程度，无论学生所处的学习环境如何。然而，这种方法的挑战性在于它需要教师准确设定和维持高标准，并确保评价过程的公正性和一致性。

（二）相对评价

在初中阶段的历史教学的相对评价中，教师通常采用常模参照测验的形式来衡量学生初中的历史知识和技能。这种评价方式不是单纯地衡量学生是否达到了一个固定的学习标准，而是将他们的表现水平与班级或年级中的其他学生进行比较。例如，在一次关于古代文明的测验中，教师根据整个班级的表现水平对学生成绩进行排名，从而得到每位学生在群体中的相对位置。相对评价的优点在于它能够清楚地显示出学生在同龄群体中的学习水平和成就，有助于教师和家长了解学生的竞争力。由于成绩分布通常遵循正态分布，这使教师可以很容易地识别出班级中的高成就者和需要额外支持的学生。然而，相对评价也存在缺点。例如，相对评价可能忽略了学生达到的具体学习目标，因为评价标准会随着参考群体的变化而变化，这可能导致评价结果无法准确反映学生对历史知识的真实掌握情况，难以以此为依据来改进具体的教学策略。

二、根据评价方法划分

（一）定性评价

在初中阶段的历史教学中，定性评价扮演着至关重要的角色。这种评价方式不依赖数学方法，而是基于评价者对学生日常行为和各种教育活动的观察与分析来进行。定性评价强调通过描述、归纳和分析来理解和解释学生的学习行为，重视学生的个性化发展。

在初中阶段的历史教学实践中，定性评价通常通过教师对学生在讨论、项目作业、历史写作和其他互动式学习活动中的表现水平进行观察和分析来实施。例如，教师可能会评价学生在模拟联合国或历史辩论中的表现水平，关注学生如何运用历史知识进行论证、如何展示自己的历史思维能力以及自己对历史事件的理解和表达能力。这种评价强调对学生综合能力的深入理解，不仅要评估学生对初中历史知识的掌握程度，还要全面评估学生的批判性思维、沟通能力和创造性思考能力。定性评价还重视对学生历史学习态度和学习行为的评估，包括学生的课堂参与度、主动性以及对历史学习的热情。通过定性评价，教师可以更好地理解学生对初中历史学科的兴趣和情感态度，从而为每位学生提供更加个性化的学习支持和指导。这种评价方法能够使教师反思自己的教学策略和方法，以更好地满足学生的学习需要和学习兴趣。

定性评价尽管能够提供丰富的教学意见和个性化的学生发展信息，但它也存在一定的局限性。定性评价本质上较为主观和模糊，因此可能导致评价结果的不一致性和难以量化。有效的定性评价需要教师具备深厚的专业知识、丰富的经验以及公正的判断能力，以确保评价的客观性和有效性。

（二）定量评价

在初中阶段的历史教学中，采用数学方法和统计技术对学生的历史学习成绩和能力进行量化和评价的评价类型就是定量评价。这种评价类型依赖客观的数据（如考试成绩、标准化测试结果以及其他形式的量化反馈），能够提供一个清晰、具体的数值表示形式，用以衡量学生的历史知识掌握程度和学习进展。定量评价在初中历史教学中的应用主要体现在对学生历史学习成果的标准化测试中。在定期的历史单元测试或期末考试中，教师可以获取学生对特定历史事件、时期或概念的理解程度的具体数据。这些数据经过统计处理后，可以揭示班级或年级中学生学习成果的分布，帮助教师和学校了解学生群体在历史学科上的整体表现水平。

定量评价的特点在于其客观性和标准化，使评价结果具有较高的可比性和重复性，便于教师和学校在更广泛的范围内分析教学效果和学生成绩。这种方法可以实施有效的教学质量监测和教育质量保障措施，确保教学活动的标准一致并达到教育目标。

当然，定量评价在初中历史教学中也存在局限性。由于过分依赖可量化的指标和测试成绩，这种评价方法可能会忽视学生在初中历史学习中的深层次思维、批判性分析能力以及创造性表达等难以直接量化的重要方面。过度强调统一的测评标准和形式还可能导致教学方法的单一化，忽视对学生个性和多样化需求的关注。

三、根据教学过程发展阶段划分

（一）诊断性评价

在初中阶段的历史教学中，诊断性评价可以在教学活动的不同阶段进行，以便更有效地支持学生的学习和教师的教学策略。在教学活动开始时进行的诊断性评价（也称为安置性评价）主要用于评估学生是否具备学习新知识所需的基础知识和技能。例如，如果一个历史单元即将讨论美国独立战争，教师需要通过初步的诊断性评价来确定学生对先前相关历史背景（如英国殖民政策）的理解程度，这有助于教师判断学生是否准备好学习新的内容以及学生目前的知识水平如何匹配即将教授的历史材料。诊断性评价在教学过程中也非常重要，它能帮助教师发现并处理学生在学习过程中遇到的困难。在学习历史分析技能时（如分析不同历史来源的信任度和偏见），诊断性评价可以通过专题测验和课堂观察来确定学生在这些技能上的掌握情况。教师可以通过评价结果识别学生常犯的错误和理解障碍，并据此调整教学方法或提供额外的辅导。

在初中阶段的历史教学中，学生可能会在理解复杂的历史事件、记忆重要日期或分析历史文献时遇到困难。利用诊断性评价，教师可以具体了解学生在哪些历史主题或技能上表现不佳。例如，如果一个学生在理解民族主义在 19 世纪欧洲政治变革中的作用时感到困难，教师就可以通过小测验或有针对性的作业来评估学生对相关概念的掌握情况；教师也可以安排一对一的讨论，深入探讨学生的理解障碍，从而更准确地定位问题。基于诊断性评价的结果，教师可以为每个学生设计有针对性的学习辅导计划，包括额外的学习材料，如历史时间线图、概念地图或者视频教程等，这些都是帮助学生克服学习障碍的有效工具。对于历史时间线不清晰的学生，教师可以提供一系列时间线练习，帮助学生清晰地看到不同事件之间的时间顺序和因果关系。针对文献分析能力较弱的学生，教师可以安排特定的文献阅读和分析活动，通过指导学生识别关键论点和证据，来提升学生的批判性思维能力。

学生的学习障碍有时可能与心理或情感因素相关，如焦虑或注意力不集中等，这些因素可能会严重影响学生的学习效果。在这种情况下，诊断性评价的结果可以帮助教师识别这些非学术性的障碍。教师可以与学校的心理教师合作，为需要帮助的学生提供进一步的支持，或与家长进行及时沟通，联系医疗专业人士给予相应的建议和治疗。这种跨学科的合作是解决学生学习障碍的重要方面，能够确保学生在学习历史的过程中得到全面的支持。

（二）形成性评价

在初中阶段的历史课程中，形成性评价的实施通常需要将整个教学过程分解为多个小单元来实现。每个单元可能涵盖一个特定的历史时期、事件或主题，如古罗马帝国、工业革命或冷战等。在每个单元的结束阶段，教师可通过单元测验、课堂讨论、学生演示或项目作业等多种形式收集反馈，这些活动都能评估学生对所学历史内容的掌握程度及其批判性思维能力的发展。形成性评价还可通过日常的互动和作业来进行，教师可以通过观察学生在课堂上的参与情况、作业的完成质量以及小组讨论的表现水平来评估学生的学习进度。这种评价方式使教师能够及时调整教学策略，如重新解释复杂的历史概念、增加更多的视觉辅助材料或者改变讲授顺序，以更好地满足学生的学习需求。

形成性评价的一个关键优势是其对学生学习过程的及时反馈。这种反馈能够帮助学生及时了解自己在初中历史学习中的位置和进展，强化正确的学习行为，提高他们的参与感和学习动机。对于教师而言，形成性评价提供了关于教学有效性的实时数据，使他们能够根据学生的反应灵活调整教学计划和方法。形成性评价支持教师在教学中采取更加个性化的教学方法。在了解每位学生的具体学习情况后，教师可以为学生提供定制的学习资源和支持，特别是对那些在特定历史主题上有困难的学生。

（三）终结性评价

在初中阶段的历史教学中，终结性评价通常在某一学习阶段结束时进行，如一个学期或学年的结束。这种评价通过结构化的测试和综合性的项目作业，考查学生对整个历史学习周期内的内容的掌握情况。期末考试可能覆盖从古代文明到现代历史的广泛话题，不仅涉及学生对事实的记忆，还涉及学生对历史事件、人物和时期之间相互关系的理解。终结性评价可以通过课堂展示或小组项目来完成。例如，学生可能被要求完成一个关于特定历史主题的研究项目，展示他们的研究成果并对历史材料进行分析和批判。这种方法有助于教师评估学生的独立研究能力和批判性思维能力，同时能看到学生如何将课堂所学知识应用于实际的历史分析中。

终结性评价的主要作用是为教师和学校提供一个关于教学成果的全面反馈，这不仅有助于学校了解历史课程的有效性，还可以作为未来教学计划调整的依据。通过这些评价，教育者可以识别哪些教学方法最有效，哪些地方需要改进，从而优化教学策略和内容。终结性评价对学生而言是一个检验自身历史学习成果的重要时刻，它能帮助学生从整体上了解自己在初中阶段历史学科的学习成就，明确自己的长处和短板，为未来的学习或相关学科的深入学习提供方向。

第四节　历史教学评价的内容

学生和教师是历史教学活动中的两大主体，以初中历史教学为例，其历史教学评价的主要内容可以从学生和教师两个角度进行探讨。

一、从学生角度出发

对学生的评价是历史教学评价的重要组成部分，从学生角度出发分析历史教学评价的内容，需要结合初中历史课程的教学目标。根据《义务教育历史课程标准（2022年版）》可知，历史课程的目标是落实立德树人根本任务，体现历史课程的育人功能，培养学生的核心素养，引导学生初步树立正确的历史观、民族观、国家观、文化观，明理、增信、崇德、力行。初中历史教学要围绕以上课程目标评价历史教学是否实现了其教学目的，学生是否具有良好的学习态度和较高的学习参与程度，是否掌握了一定的知识、技能和观点，是否得到了全面的发展。

（一）学生能否在唯物史观的指导下看待历史

在历史教学评价中，学生能否在唯物史观的指导下看待历史是一项关键的评价内容，涉及多个层面的理解和应用。这一评价不仅要检验学生对初中历史知识的掌握，还要评估他们能否将唯物史观的理论框架应用于对历史事件的分析和理解中。

学生应该认识到劳动在人类社会发展中的基础性作用。教育的目的在于让学生理解，从古至今，无论在哪一个历史阶段，劳动都是推动社会发展的根本力量。在具体的教学中，教师可以通过教授农业革命、工业革命以及信息技术革命的历史进程，展示劳动方式的变化如何引领社会经济结构的转型。对学生的评价应基于他们对这些变化背后原因的分析能力，检查他们能否认清劳动方式的变革与社会进步之间的关系。

评价内容还应包括学生对物质生产角色的理解，要求学生不仅认识到物质生产的重要性，还要理解人民群众在这一过程中的作用。人民群众不仅是历史的参与者，更是历史的创造者。学生应当理解，在各个历史事件与活动中，人民群众发挥的作用都不能被忽视。通过分析这些事件中的人民行动，学生可以展示他们对于人民群众在历史发展中角色的理解。

（二）学生能否在具体的时空条件下考察历史

在初中阶段的历史教学中，评价学生能否在具体的时空条件下考察历史是至关重要的。历史教学的目的之一是让学生能够理解事件、人物和现象在其特定历史和地理背景下的意义和影响。学生的这种能力不仅涉及对历史知识的掌握，还涉及综合运用各项知识分析和理解历史事件的能力。

学生应该掌握历史时间的计算和历史地图的识别方法，这是基础技能，能够使学生正确理解事件发生的时间顺序和空间环境。在实际的教学中，教师可以通过具体事件（如法国大革命、美国独立战争等）让学生练习如何标记这些事件发生的年代和地点。在评价学生的能力时，教师可以检查学生能否准确地使用时间线工具以及能否在地图上标出关键地点并解释其在事件中的作用。

学生应将历史事件、人物和现象放置于它们所处的具体时空背景中进行考察，这要求学生不仅要掌握历史事实，还要能够分析这些事实背后的历史逻辑和地理因素。例如，在学习工业革命时，学生应理解这一变革如何与欧洲特定国家的地理位置和资源条件相互作用，从而促进了技术和经济的发展。教学评价可以通过项目作业或案例研究来进行，检验学生能否从历史和地理的角度出发，综合分析事件的成因和结果。

（三）学生能否依靠可信史料了解和认识历史

在初中阶段的历史教学中，培养学生依靠可信史料了解和认识历史的能力是非常关键的，对这一能力的评价也是历史教学评价的重要内容。历史教学评价要关注学生能否独立获取、分析和利用历史资料，从而形成基于证据的历史认识；还要关注学生是否掌握了批判性思维，具有识别和处理信息的技能。这些思维和技能使学生能够在面对历史叙述时进行独立地思考和评估。

学生需要了解不同类型的史料，包括原始文献、二手资料、物质证据、口头传统等。在初中历史教学中，教师应讲解这些史料的特点和用途，帮助学生理解每种类型的史料在历史研究中的作用和局限。例如，原始文献（日记和官方文件）可以提供一手的历史见证，物质证据（遗迹和文物）则可以体现历史的社会生活和技术发展。在评价学生的能力时，评价活动可以通过学生对不同史料的识别和解读能力来进行，检查他们能否正确理解各类史料的信息价值和适用场景。

学生能否学会从多种渠道获取历史信息也是评价的内容之一。随着信息技术的发展，历史资料的获取渠道已不再局限于传统的图书和档案，互联网和数字化资源成为重要的信息来源。在教学中，教师应教授学生如何有效利用这些现代技术来获取和分析历史数据。在评价学生的能力时，教师不仅要关注学生能否获取信息，还要检查他们能否从大量信息中筛选可信和相关的史料。

（四）学生能否有理有据地表达自己对历史的看法

在历史教学评价中，学生能否有理有据地表达自己对历史的看法也是一个关键的评价内容。这一内容的评价旨在使学生不仅能够理解历史事实，还能够进行批判性的思考，区分历史叙述中的史实与解释，并基于自己的理解提出新的见解和问题。这种能力是学生历史思维成熟的标志，对学生将来的学术和职业生涯具有长远的影响。

学生应学会如何区分历史叙述中的史实与解释。史实是指在历史研究中可以被广泛接受的客观事实，而解释是对这些事实的不同学术理解和阐释。在教学中，教师应多举具体例子（如针对同一历史事件的不同描述和评价）展示史实和解释的区别。在评价学生的能力时，教师可以考查学生在阅读历史文献或教科书时，能否识别作者的观点和对事实的陈述，并理解两者之间的区别。

历史教学应当鼓励学生客观叙述和分析历史，这要求学生在表达自己的历史看法前，能够从多个角度收集和考虑信息，避免偏见和主观色彩的影响。例如，在讨论某一历史人物或事件的贡献和影响时，教师可以引导学生查找不同来源的资料，以平衡的视角分析问题。

（五）学生是否具有良好的学习态度和较高的学习参与程度

初中阶段是学生形成独立学习习惯和批判性思维能力的关键时期。在历史教学中，评价学生是否具有良好的学习态度和较高的学习参与程度，对于促进学生的全面发展极为重要。

1.学习态度

学习态度是学生学习效果的重要影响因素，评价学生的学习态度应当关注学生对历史学习的兴趣、责任感以及持续学习的意愿。教师可以观察学生在课堂上的状态评估学生的学习态度，如是否主动参与课堂讨论、对历史话题是否表现出好奇心和探究欲望。学生对待作业的态度也是评价学习态度的重要指标，如是否按时提交、作业的质量和深度等。教师可以通过定期的学生自评、同伴评价以及家长反馈来全面了解学生的学习态度，这不仅有助于教师有针对性地提供指导，还能激励学生自我改进。

2.学习参与程度

学习参与程度直接关系到学生的学习成果，特别是在历史学习中，积极地参与可以促进学生更好地理解和吸收历史知识。评价学生的参与程度可以从课堂互动、小组合作项目以及学生在课外历史活动中的参与情况来进行。课堂上，教师可以记录学生提问的次数和质量，观察学生在小组讨论中的角色和贡献。学生在课外如何扩展其历史知识也是评价学习参与度的重要方面，如参加历史相关的展览、竞赛或自发组织的学习小组等。这种评价方式有助于教师了解学生的主动学习能力和合作能力，从而更精准地调整教学策略，提高学生的学习动力和效率。

二、从教师角度出发

（一）对教师素质的评价

1.职业道德

职业道德在初中历史教师的评价中占据着核心地位，因为它直接关系教师的行为标准和对学生的影响。一位具有职业道德的教师，不仅会公平公正地对待每一位学生，还会在教学中坚持诚信原则，为学生树立正确的价值观和道德标准。

2.专业知识

专业知识是初中历史教师评价的另一个重要方面。教师的历史知识水平直接影响教学质量和学生的学习效果。教师不仅需要掌握广泛的历史事实和概念，还需要能够关联历史与现实，深化学生对历史的理解。教师需要拥有广泛而深入的历史知识，包括对中国历史和世界历史的各个时期、重要事件和关键人物的熟练掌握。对教师的评价应考查教师能否准确地传达历史知识以及能否在课堂上正确解释复杂的历史事件和现象。例如，教师在讲授工业革命、第二次世界大战或冷战时，需要能够提供详细的背景信息，分析事件的原因和结果，并引导学生理解这些事件对当代社会的影响。

3. 评价技能

评价技能是初中历史教师必须具备的重要能力，因为它与教学质量的监测和学生学习成效的提升有直接关系。有效的评价技能不仅涉及对学生学业成绩的测量，还包括对学生学习进程、理解深度和技能掌握情况的全面评估。

（1）教师需要掌握多元化的评价方法。传统的笔试和口试虽然能够有效测量学生对历史知识的记忆程度，但对于评估学生的批判性思维、分析能力及历史解释能力可能不够全面。因此，教师在评价学生时应使用多种评价工具，如项目作业、论文写作、口头报告和小组讨论等。这些方法可以更全面地反映学生的历史学习成果，并帮助教师发现学生在学习过程中存在的具体问题。评价教师的评价技能应考查教师能否设计和实施这些多样化的评价方法，并根据评价结果调整教学策略。

（2）有效的反馈是评价过程的重要组成部分。教师不仅要进行评价，还要能够提供及时和建设性的反馈，帮助学生了解自己的强项和待改进的地方。这种反馈应具体、针对性强，并能够鼓励学生进一步探索和修正自己的学习策略。评价活动应考查教师在提供反馈时的效率和效果，如反馈是否及时、能否促进学生的学习动机和学习行为的改变。

4. 沟通能力

沟通能力在初中历史教学中同样占有重要的地位。教师的沟通能力不仅会影响课堂教学的效果，还会影响教师与学生、家长及同事之间的关系。一个有效的沟通能够更好地传递知识、解决问题和建立正面的人际关系。

教师需要能够清晰、准确地讲授历史知识和概念，不仅要在讲课时有清晰的言辞表达，还要能够使用适当的教学媒介（如 PPT、视频、实物等）辅助教学。清晰的表达可以帮助学生更好地理解复杂的历史事件和理论，减少误解和混淆。评价教师的沟通能力应观察教师在课堂上的表达是否清楚，能否调整自己的语速和用语以适应不同学生的理解能力。教师的倾听能力也是评价沟通能力的重要方面。有效的沟通不是单向的信息传递，而是双向的交流。教师应该倾听学生的问题和意见，通过对话理解学生的需求和困惑。此外，与家长的沟通也非常关键，教师需要能够有效地与家长交流学生的学习情况，共同支持学生的学习和成长。评价教师的沟通能力应考查教师能否建立有效的沟通渠道，能否理解和响应学生和家长的需求。

（二）对教学工作的评价

1. 教学准备

教学准备是评价教师的一个关键方面，涵盖了教师对授课内容的深入理解、教案的详细制定以及教学材料的精心选择。这一阶段是建立有效教学过程的基础，决定了教学活动的质量和教学目标的实现程度。

（1）对授课内容和授课对象的深入了解。教师在进行教学前需要对授课内容有全面且深入的了解，不仅包括对历史事实的精确掌握，还涉及对历史学科内在逻辑和结构的理解。教师应当熟悉历史学科如何与其他学科相连（历史与文学、政治学、经济学的交叉点）以及历史知识在现实生活中的应用（公民教育和文化认同）。此外，了解授课对象的背景同样重要，包括学生的年龄特征、认知水平和文化背景。教师需要根据这些特点调整教学方法和内容，以确保教学活动对学生而言是相关且吸引人的。评价教师的教学准备应检查教师是否进行了充分的背景研究并设计了符合学生实际需要的教学方案。

（2）教案的有效准备和教学设计。在教学准备中，教案的制定是核心任务。教师需要制定明确的教学提纲，确定教学目标和教学日历，这样才能保证整个学期的教学活动有序进行。教案应详细到每一课的教学重点和难点，以及预期的学习成果。教师还应设计互动性强的教学过程，通过讨论、小组合作、模拟和案例分析等方法促进学生的积极参与和深入思考。这种教学设计应能激发学生的思维碰撞和创造性思考，加强师生之间的互动。评价教师的教学准备应考查教师的教案是否具有实用性和创新性以及这些教案能否有效地引导学生达到学习目标。

2. 教学实施

教学实施是历史教学评价中的关键组成部分，直接关乎教学活动的具体执行和效果。这一阶段的评价主要关注教师如何将教学计划和理论转化为实际的教学过程，以及这些教学行为如何有效促进学生的学习和理解。

（1）教学内容的呈现和解释。在教学实施过程中，教师如何呈现和解释历史内容是评价的一个重要方面。这不仅要求教师具备深厚的历史知识，还需要他们能够以学生易于理解的方式讲授这些知识。评价教学实施要关注教师能否清晰、准确地介绍历史事件、背景、人物和概念。教师应能够根据学生的已有知识和兴趣调整教学内容的深度和广度，确保所有学生都能跟上课程的进度。例如，教师在讲解复杂的历史事件时，应将复杂的历史知识简化并与学生的生活经验相联系，使学生能更好地理解和记忆。

（2）教学策略的多样性和适应性。教学策略的选择和使用也是教学实施评价的重要内容。优秀的历史教师应能够运用多种教学策略来满足不同学生的学习需求。评价教学实施应考查教师能否灵活运用讲授、讨论、合作学习、项目式学习等多种方法，这些策略能够激发学生主动学习的积极性，提高学生的批判性思考和解决问题的能力。例如，教师可通过案例研究让学生探讨历史事件的多种解释，或者通过角色扮演活动让学生深入理解历史人物的思想和行为。

3. 教学管理

教学管理在初中阶段的历史教学中是至关重要的，涉及创建和维护一个有利于学习的环境，同时确保教学活动能够高效、有序地进行。优秀的教学管理不仅要求教师具备组织和计划的能力，还需要在教学过程中实施有效的策略激发和保持学生的学习兴趣和参与度。

（1）创造尊重和安全的学习环境。教师需要在课堂上建立一种尊重和安全的氛围，这是教学管理的基础，要求教师明确和坚持维护良好行为的标准，确保学生之间以及师生之间的互动是建立在相互尊重的基础之上的。评价教师的教学管理能力应考查教师如何通过公平、礼貌和关心来建立和维护这种氛围，包括如何处理课堂纪律问题、如何确保每位学生都感到被尊重和包容以及如何在发生冲突时采取有效的介入措施等。

（2）创造积极的学习环境。教师在教学管理中还必须为学生的学习和参与创设一个积极的学习环境，这意味着教师需要设计富有挑战性和吸引人的学习活动，使学生能够积极地参与学习过程。评价过程应关注教师如何通过课堂布置、教学方法的多样化以及对学习活动的创新来激发学生的学习热情。例如，教师可通过组织小组讨论、角色扮演或历史模拟等互动形式，使学生在享受学习的同时，能有效地掌握历史知识和技能。

4. 教学反思

教学反思是历史教学评价中非常关键的一部分，涉及教师对自己教学行为和教学效果的主动回顾和评估。教学反思不仅能够帮助教师识别和解决教学中的问题，还能促进教师的专业成长和教学方法的持续改进。

（1）反思教学实践。在教学反思中，教师需要定期回顾和评估自己的教学实践，包括教学策略的选择、教学材料的使用以及课堂管理的效果。教师应考虑这些实践是否有效地实现了教学目标、是否促进了学生的学习和理解。教师还应反思自己的教学行为对学生学习动机和参与度的影响。例如，教师可以思考在讲授重大历史事件时，使用的具体示例和讨论问题是否真正激发了学生的兴趣和思考。评价教师的教学反思应重点关注教师能否识别教学中的问题，并采取相应的措施进行改进。

（2）反思教学效果。反思教学效果是教学反思过程中的一个重要方面。教师需要分析和评估学生的学习成果，包括知识掌握、技能发展和态度变化，涉及对学生作业、测试成绩和课堂状态的综合评估。教师应反思哪些教学方法有效，哪些需要调整，以及如何调整教学策略以提高学生的学习效率和深度。教师还应考虑学生反馈对教学改进的指导作用，如学生对课程内容的兴趣、对教学方法的反映等。评价过程应关注教师能否基于学生的表现水平和反馈进行有效的教学调整。

（3）反思与专业发展。教学反思还与教师的专业发展紧密相关。通过反思，教师不仅可以改进当下的教学实践，还能识别自己在知识和技能上的缺陷，从而寻求进一步的学习和成长机会。教师应定期参与专业发展活动，如研讨会、工作坊和同行交流，这些都可以帮助教师获得新的教学灵感和教学策略。教师的自我评估报告和反思日志也是评价教学反思能力的重要依据，可以反映教师对自己教学行为的深入思考和自我监控能力。评价过程应考查教师是否有持续学习和自我提升的意愿，以及他们是如何将学到的新知识和技能应用到教学中去的。

第二章

历史教学评价的理论支撑

第一节　建构主义理论

一、建构主义理论的提出与发展

建构主义理论是一个涵盖认知心理学、哲学、社会学和教育学的综合理论，其核心观点认为，知识不是被动接受的，而是通过个体或群体在特定情境中的主动建构而生成的。这一理论的提出和发展，对现代教育实践和学习理论产生了深远的影响。

建构主义的理论基础可以追溯到几个世纪以前，但其作为一个明确的教育理论模型主要是在 20 世纪中叶发展起来的。早期的代表人物包括让·皮亚杰（Jean Piaget）和列维·维果茨基（Lev Vygotsky），他们的理论为后来的建构主义教育理论奠定了基础。皮亚杰提出的认知发展理论认为儿童是通过与环境的互动建构知识的，强调了认知结构在学习过程中的重要性。维果茨基的社会文化理论则强调社会互动在认知发展中的作用，提出了"最近发展区"的概念，认为学习应该发生在学生当前能力和潜能之间的区域，通过更有经验者的引导和支持来实现。

到了 20 世纪后期，建构主义理论得到了进一步的发展和普及。美国哲学家约翰·杜威（John Dewey）的实用主义教育哲学对建构主义也产生了重要影响，他强调经验在学习过程中的核心作用，并主张教育应关注学生的实际生活经验。此外，欧内斯特·冯·格拉斯尔斯菲尔德（Ernst Von Glasersfeld）提出的激进建构主义强调了知识的主观性，认为知识是个体在解释世界时的主观构建，而不是简单地反映现实。

建构主义理论对教育实践的指导意义在于，它强调学习是一个主动的、构建性的过程，教育者应设计富有挑战性的问题和情境，促使学生通过探索和反思来构建知识。这一理论支持使用项目基础学习、协作学习和问题解决等教学策略，鼓励教师创造一个支持学生主动探索和意义建构的学习环境。此外，建构主义还强调教育的个体化，认为教育活动应基于学生的先前知识和经验，通过对学生个体差异的认识调整教学策略和内容，以满足不同学生的具体需要。

二、建构主义理论的基本观点

（一）建构主义知识观

建构主义的知识观强调知识的主体性、动态性和情境性。这一观点从根本上挑战了传统的关于知识作为客观、静态和普遍真理的看法，是一个对教育实践有深远影响的理念。

1. 知识的解释性和动态性

根据建构主义的观点，知识不是对现实的客观反映，也不是某种绝对真理的表达。建构主义理论认为，任何知识都是人们基于特定文化和个人经验对现实的一种主观解释或假设。例如，科学理论、历史叙述甚至数学定理都不是永恒不变的真理，而是在特定时期、特定社会环境下人们的共识，这些知识随着新的发现和理解的深入，会不断变革和发展。在教育实践中，教师和学生都应该保持对知识的开放态度。教育不仅要传递已有知识，还要引导学生进行批判性的思考，鼓励学生对现有知识进行质疑和重新构建。

2. 知识的实用性和再创造性

建构主义理论认为，知识并不能完美、精确地概括世界的规律，也不可能为所有问题提供一劳永逸的解决方案。在具体问题的解决过程中，现有的知识往往需要根据具体情境进行调整和再创造。这一观点强调知识的应用是灵活的、具有创造性的过程，涉及将理论知识与实践情境相结合，通过实际操作验证和改进理论。这要求教师在教育过程中不仅要教授理论知识，还要教会学生如何将这些知识用于解决实际问题，如何在新的情境中进行创新思考和问题解决。

3. 知识的个体性和情境依赖性

建构主义理论认为，知识的理解和掌握是一个高度个体化的过程，受学习者自身经验、背景和认知结构的影响。学习者对同一知识点的理解可能因人而异，因为每个人的学习背景、先前知识和经验都不同。教育者应认识到，学习是学生基于自己的经验主动建构知识的过程，教育的目标是帮助学生建立与自己经验相连的知识网络。因此，教师应设计更加灵活和多样化的教学活动，以满足不同学生的学习需求，同时创造丰富的学习情境，使学生能够在实践中学习和建构知识。

（二）建构主义学习观

建构主义理论强调学习是一个由学习者主动构建知识的过程，而非被动接受。这种观点颠覆了传统教育中知识传递的观念，强调学生在学习过程中的主体性和主动性。

1. 主动建构知识

建构主义理论认为，学习是一个个体主动建构知识的过程。学生不是简单地接收教师传递的信息，而是需要通过自己的努力，将新信息与已有的知识和经验相结合，从而构建出个人意义的知识结构。这个过程是个性化的，每个学生可根据自己的理解、背景和需求，构建出独特的知识和理解。例如，当教师在课堂上讲解一个新概念时，学生需要将这个概念与自己先前的知识和生活经验相连接，通过思考、讨论和应用，形成自己的理解和认识。

2. 学习作为意义的主动建构

建构主义理论认为，学习不仅是接收信息，更重要的是主动地建构意义。学生在接收外部信息时，并不是被动地接受，而是需要主动选择、加工和处理这些信息。在这一过程中，外部信息并没有固定的意义，意义是学生在与已知知识之间的互动、比较和反思中建构出来的。例如，学生在解决数学问题时，不仅需要应用公式，还要在尝试不同的解法和思考每一步的逻辑关系中，构建对问题的深入理解。

3. 学习过程中知识经验的动态调整

建构主义理论强调学习意义的获得是一个动态的过程，涉及学生原有知识经验的不断调整和改变。当新的信息加入时，学生不仅要将这些信息添加到知识库中，还要对现有的知识结构进行重组甚至颠覆。这个过程需要学生在实际应用中测试新知识，通过错误和反思调整自己的理解。这种对知识的不断编码和调整，是学生认识发展的核心，也是个体从表层学习走向深层学习的关键。

4. 同化和顺应

同化和顺应是学习者认知结构发生变化的两种途径或方式。同化是指学习者将新的信息或经验融入已有的认知框架中。这是认知结构的一种量变，因为它并不改变原有的认知结构，只是扩展了它的应用范围。例如，如果一个人已经了解了什么是狗，当他看到一只新的狗时，即使这只狗的颜色和大小与之前见过的不同，他也能识别并将其归类为狗。顺应则是更为深刻的认知变化过程，它涉及认知结构的质变，当现有的认知框架无法处理新的信息或经验时，学习者需要修改或创建新的认知结构以适应这些新情况。继续上面的例子，如果这个人只知道普通家养的狗，他在首次遇到一只不同品种的狗时，如一只西伯利亚雪橇犬，可能需要对"狗"的认知框架进行调整，包括新的外观和特征。

皮亚杰认为，认知发展是一个动态的平衡与不平衡循环的过程。通过同化，学习者可维持认知结构的稳定性和连续性；通过顺应，学习者可重新平衡并适应新的环境挑战。这个过程不是线性的，而是通过连续的同化和顺应活动，使学习者的认知结构在不断的不平衡与重新平衡中发展。学习不仅是简单的信息积累或记忆，还是新旧知识之间的相互作用过程，是学习者与学习环境之间的互动过程。这种观点指出，学习是一个主动的、建构的过程，学习者必须通过自己的努力来解释、处理和重构信息，从而实现真正的理解和应用。学习者在这样的学习过程中不仅获得了知识，还发展了处理复杂问题和适应新环境的能力，这种能力是应对快速变化的现代世界的关键。这种对学习的深层次理解，强调了教育活动的设计应当支持并促进同化与顺应的过程以及认知结构的不断重组和发展。

三、建构主义理论的有益启示

建构主义理论是一种关注学习者如何主动构建知识的学习理论，它强调学习是一个主动的、构建性的过程，学习者通过自身与环境之间的相互作用构建自己的知识体系。在初中阶段的历史教学中，建构主义理论可以提供几个关键的启示，从而改进教学和评价方法。

（一）实行以学生为中心的教学方法

建构主义理论在历史教学中提倡以学生为中心，这种方法认为学生应通过自我探索、实际操作和个人经验构建自己的知识体系。在这种教学模式下，教师的角色转变为促进者和引导者，他们不再是单向传递知识的传统角色，而是需要创造环境和机会，让学生能够主动学习和探索历史。教师可以设计一些开放式的项目，让学生研究特定的历史事件或人物，自行寻找资源，整合信息，并展示他们的发现。这种方法不仅锻炼了学生的独立思考能力，还提高了他们对历史学科的兴趣和参与度。

通过历史调查和模拟活动，学生能够更深入地理解历史过程和文化背景。例如，教师可以组织角色扮演活动，让学生扮演历史上的人物，模拟特定历史事件中的决策过程或社会互动，从而更好地理解不同历史人物的视角和时代背景。这种互动式学习不仅能够使历史教学更加生动，还有助于学生理解复杂的历史动因和后果。

（二）重视学生的先前知识与经验

建构主义理论强调学生的学习是在他们已有的知识框架基础上进行的。在历史教学中，教师需要了解学生的先前知识和经验，并将这些知识作为新课程内容的起点。教师可以通过问卷调查、小组讨论或个别面谈的方式，评估学生对即将学习的历史主题的现有认识和感受。这样做可以帮助教师设计更能满足学生实际需求的课程，使教学内容更具相关性和吸引力。教师在设计课程时应考虑如何将新的历史教学内容与学生的个人、文化和社会背景相结合。这种方法可以增加学生对历史学习的个人投入，使学生能够看到历史与自己生活的直接联系，从而更容易激发他们对学习的热情。例如，教师可以引导学生探讨本地历史事件如何影响他们的生活，或者讨论家族历史中的重要时刻与广阔历史背景的联系。在实施评价时，教师应确保评价方法能够反映学生从现有知识基础上建立新知识的能力，这可以通过项目作业、口头报告或书面论文来实现，而学生需要将他们的个人经验与历史事实分析结合起来。这种评价不仅能够帮助教师了解学生的学习进展，还能促使学生进行自我反思，了解自己在历史学习过程中的成长。

（三）强调高阶思维技能的培养

建构主义理论在历史教学中强调发展学生的高阶思维技能，如批判性思维能力、分析能力和评价能力等。这种教学方法不再只是让学生简单地记忆事实和日期，而是鼓励学生深入地探讨历史事件的原因、影响和复杂性。教师可以设计活动，要求学生分析特定历史事件的多个原因和后果，或者评价不同历史人物的决策和对当今世界的影响。通过这种方式，学生可以思考历史的多面性和历史叙述背后的不同视角。教师还可以组织辩论会或模拟审判，让学生从不同的角度审视同一历史事件，这不仅可以提高学生的公开发言能力，还能加深学生对历史事件复杂性的理解。这种活动能够显著提高学生的批判性思维能力和论证技巧。

在教学评价方面，批判性分析和论文写作是重要的评价工具，它们可以有效地衡量学生是否理解和吸收了课堂上讨论的复杂概念。评价时，教师应注意学生在论文中提出的论点是否有逻辑性、证据是否充分以及能否展现出深入的历史理解和独到的见解。这种评价方式不仅能够测试学生的知识水平，还能测试学生将知识应用于新情境的能力。

第二节　人本主义理论

一、人本主义理论的基本观点

人本主义是 20 世纪中叶在美国兴起的一种心理学流派，它反对将人类简单地等同于动物的行为主义，也不赞成弗洛伊德心理学那种过分关注神经症和精神病患者的做法。人本主义认为这两种传统心理学忽视了正常人的心理特点和内在潜能，因此提出了一种更全面的人本主义心理学理论，被誉为"心理学的第三种运动"。这一学派的主要代表人物有亚伯拉罕·马斯洛（Abraham. H. Maslow）和卡尔·罗杰斯（Carl Ransom Rogers），他们的理论和实践为人本主义心理学的发展奠定了基础。

人本主义心理学强调对人的本性、潜能、尊严和价值进行研究，主张社会文化应该支持和促进个体潜能的发挥以及更多的自我实现。在人本主义视角中，"人"被理解为一个具有自然属性、社会属性和意识属性的综合体，这些属性在每个个体中是不可分割的。人本主义强调的是一个全面发展的人，涵盖了现实的人、社会的人、实践的人以及自由发展的人。这种观点深刻地揭示了人的复杂性和多维性，强调任何研究或应用心理学的实践都应将人视为活动的主体和前提。"人本"这一概念在人本主义中具有双重含义：第一，它强调人是所有活动的中心和出发点，即人是行动的主体，而非被动的对象；第二，"人本"认为人是目的本身，而非达成其他目的的手段。这一观点在教育领域尤为突出，人本主义教育不仅关注知识和技能的传授，还注重学生的全面发展、情感需求和个人潜能的实现。这种教育理念反映了人本主义心理学对人的深刻理解和尊重。

马斯洛的潜能论是人本主义教育的核心之一，认为自我实现是教育的最终目标。马斯洛指出，自我实现涉及个体在创造性、探索性、人际关系和社会贡献等方面的成就，同时包括了个人在知识、社会地位等方面的独特追求。这种观点强调了教育应该帮助每个人发掘和实现他们的个性化潜能，而不仅仅是达到某种普遍标准或填充预设的角色。阿瑟·康布斯（Arthur Combs）的观点进一步扩展了人本主义教育的范围，他提出个体的行为主要由个体对自身和周边世界的知觉决定，因此要改变个体的行为，关键在于改变个体的知觉和信念体系。康布斯认为，教育的目的不应局限于教授知识或技能，更重要的是满足学生的情感需求，并促进学生认知和情感的均衡发展。

二、马斯洛人本主义理论的内涵

马斯洛在心理学领域提出了一个影响深远的理论，即人的需求层次理论。这一理论把人类的需求分为两大类及七个层次，并形象地将其比喻为一座金字塔结构，从底部到顶部依次是生理需求、安全需求、归属与爱的需求、尊重的需求、认识需求、审美需求和自我实现需求，这种分层展示了人类需求从基本的生存需求到高级的精神需求的递进关系。马斯洛强调，在追求更高层次的需求前，人们至少需要先部分地满足更基本层次的需求，即缺失需求和生长需求。缺失需求包括生理需求、安全需求等，属于基础需求，这些需求的满足可以消除人的紧张和不安，是人与动物共有的需求特性，一旦这些基础需求得到满足，相关的驱动动机便会减弱。生长需求包括认识需求、审美需求和自我实现需求，属于更高级的需求，这些需求是人类特有的，它们源自个体内在的渴望，追求个人的发展和潜能的实现，生长需求的满足不仅不会降低驱动力，反而会增强个体追求更高层次、实现自我的动力。

（一）人的本质与社会发展

马斯洛在《动机与人格》中探讨了"人的本质"这一概念，他通过对人类需求进行深入分析，揭示了人性的多维面貌。马斯洛认为，讨论人的需求本质上是在探索人性的核心，这种探索不仅关乎科学的事实，还关乎价值和伦理的重构。人本主义理论不只是为了理解人的行为，更是为了探索能够促进个体和社会向更美好方向发展的可能性。马斯洛强调，现代科学应当突破传统思维的限制，与人的伦理和道德价值进行积极的对话，这种对话有助于科学实践实现质的飞跃。他倡导实证和严谨的研究方法应用于人文价值的探索，要求研究者不仅关注表面现象，还要深入挖掘人性的深层次结构，并考虑个体成长的社会环境。

马斯洛的观点与马克思关于人的全面发展的理论有明显的相似性，尤其是在强调个体成长与社会结构相结合的重要性上。马斯洛的人本主义理论认为，个体的发展潜能和社会的结构性条件是相互依存的。马斯洛的理论强调了这种结合的必要性和可能性，旨在促进社会整体的进步和个体福祉的提升。

（二）需求层次与个体、社会的互动

马斯洛的需求层次理论认为，个体的发展不能只依赖主观努力，社会系统的现状和集体的发展目标也是不可忽视的影响因素。马斯洛认为，通过保持个体的独立性，人们可以逐步发掘并实现自身的潜力。这一观点不仅强调了个体自主性的重要性，同时指出了社会结构对个体发展的影响和制约作用。从马克思的视角看，他强调个体需求在推动社会进步中起到核心作用。相比之下，马斯洛的人本主义理论和马克思的全面发展理论在理念上有所交集，认为个体的发展是社会进步的基础，而社会的全面发展为个体需求的满足提供了必要条件。

（三）个体需求与社会进步的互动关系

马斯洛的人本主义理论通过其对需求层次的独到见解，成功地打破了传统科学研究的局限性，为个体的价值、个性、美感和超越需求提供了广阔的施展空间。他的理论不仅扩展了科学研究的边界，还实现了科学与价值观的有机结合，提出了一个全新的视角来看待个人和社会的互动。马斯洛认为，人的内在需求状态是影响个体行为的一个重要因素，而这些需求存在层次之分，从基本的生理需求到高级的自我实现需求，每个层次的满足都是实现下一层次的基础。

　　与马斯洛的观点相呼应，马克思的人的全面发展理论也强调了个体努力与社会回报之间的关系，将这种互动视为实现个体自由的重要途径。马克思认为，社会应当为个体提供实现其全面发展的条件，包括劳动的自由和创造性以及公平的资源分配。从这个角度看，个体的全面发展不仅是个人努力的结果，还是社会结构和历史发展进程的产物。马斯洛的理论与历史唯物主义之间存在着有趣的联系。马斯洛指出，个人行为的驱动力包括内在的需求状态和外在的社会环境因素，这与历史唯物主义强调的社会关系和物质条件对人的行为和发展的影响是相辅相成的。通过将心理学的需求层次理论与历史唯物主义的社会发展规律相结合，马斯洛的人本主义理论提供了一个从心理学角度理解社会进步和个体发展关系的新框架。

三、人本主义理论的有益启示

　　人本主义理论在教育领域强调个体的发展、情感需求和自我实现，这一理论提供了许多对初中阶段的历史教学评价有益的启示。通过强调学生的个性化和整体性发展，人本主义教育可以帮助学生在学习初中历史的过程中更好地认识自己、理解他人，并提高批判性思维能力。

（一）强调学生的情感和价值观

　　人本主义理论在教育中强调发展学生的情感和价值观，认为教育不仅是知识的传递，更是价值观念和道德水平的培养。在历史教学中，教师应创造条件，让学生积极探索历史事件背后的道德和价值观问题，从而促进学生的全面发展。通过深入讨论历史事件，如奴隶制的废除、内战等敏感和有争议的话题，学生可以从历史的多重视角，评估和反思这些事件中涉及的道德和价值冲突。教师可以鼓励学生通过角色扮演或模拟辩论，从不同历史人物的角度出发，表达和辩护其立场和决策。这种方法有助于学生更深刻地理解历史人物的动机和时代背景，同时能促使学生反思自己的价值观。

　　在教学评价中，教师应关注学生如何将这些历史学习与个人的价值观相结合，评价学生在理解和表达历史人物行为动机、道德选择以及个人对这些行为的看法方面的能力。通过书面作业、口头报告或视频项目等方式，学生可以展示他们对历史问题的理解和个人观点，教师则可以通过这些方式评估学生的价值观发展和情感参与。

（二）重视个性化学习路径

人本主义教育非常重视学生的个体差异，主张教育应为每位学生提供最适合其个性和最能满足其需求的学习路径。在初中阶段的历史教学中，教师需要设计多样化的教学材料和活动，以满足不同学习风格的学生。教师可以利用技术工具来提供个性化的学习体验，如数字化历史地图、交互式时间线或在线博物馆参观等。这些工具不仅丰富了教学方式，还允许学生根据自己的兴趣和速度探索历史内容。教师还可以组织项目式学习，让学生选择一个特定的历史主题或问题进行深入研究，这种方法能够充分调动学生的主动性和创造性，同时使他们能够在学习过程中发挥自己的长处。

在进行教学评价时，教师应考虑学生能否通过这些个性化的学习方法找到适合自己的学习方式，并关注这些方法能否帮助学生更有效地理解和吸收历史知识。评价方法可以是自我评估、教师观察、同伴评价等，这些都可以提供关于学生学习进度和方法效果的重要信息。通过这种方式，教师不仅可以了解每位学生的学习情况，还可以根据需要调整教学策略，以更好地满足每位学生的需求。

（三）促进自我实现

人本主义教育中的自我实现是指个体通过发展自身潜能和追求个人兴趣而实现其最大潜力。在初中阶段的历史教学中，这种理念可以通过鼓励学生主动探索对他们有意义的历史主题来实现。教师可以设置开放式的项目，允许学生选择自己感兴趣的历史事件、人物或时期进行深入研究。这种方法不仅提高了学生的学习动机，还鼓励他们发展关键的研究技能，如批判性思考、信息检索和数据分析等。通过允许学生在历史学习中追求个人兴趣，教师可以帮助学生建立与历史学科的个人联系，从而更加积极地参与学习过程。例如，如果学生对科技发展史感兴趣，教师可以指导他们探索不同历史时期的科技创新对社会的影响，这种个性化的探索不仅能让学习更加贴近学生的生活实际，还能促使他们思考历史对现代生活的意义。

　　在评价学生的历史学习时，教师需要关注学生如何选择和定义研究主题、如何收集和分析相关信息以及如何呈现研究成果。这些评价可以通过研究报告、演示或展览等多种形式进行，关键是要评估学生在整个研究过程中的独立性和创造性，以及他们如何将历史知识与个人兴趣相结合，展现出对历史深入的理解和个人的见解。

第三节　多元智能理论

一、多元智能理论的提出与发展

　　多元智能理论是在心理学和神经心理学领域长期的研究与争论之中发展而来的。霍华德·加德纳（Howard Gardner）是哈佛大学"零点项目"研究所的负责人之一，他的研究初衷是通过对不同人群，包括正常人群、具有特殊天赋的儿童以及脑损伤患者的认知能力进行深入观察和研究，探索人类潜能的本质及发展的最佳途径。他的工作不仅包括神经心理学领域的实验研究，还试图整合大量关于人类心理和认知的科学事实，旨在通过深入了解人类的需求和能力，推动心理科学的发展。加德纳在研究中发现，传统的智力理论，如查尔斯·斯皮尔曼（Charles Spearman）的"一般智力因素"理论及心理测量学的传统方法无法全面解释他观察到的各种认知能力的表现水平。这些传统理论主要关注通过标准化智力测验来评估人的智能，而这种方法往往忽略了人类智能的复杂性和多样性。

　　多元智能理论是在传统心理学领域的研究方法中，作为一种创新而彻底的扩展理论被提出的。在20世纪心理学的发展中，主流的研究方法依然集中于特定种类的逻辑或语言问题的解决能力，如皮亚杰的发展心理学理论关注的是儿童认知发展的阶段性变化，信息处理理论则侧重分析人类如何接收、存储、处理以及回忆信息。这些理论虽然为理解人类智能的某些方面提供了极为重要的视角，但它们往往忽略了智能的多样性和复杂性。加德纳的研究方法从生物学的视角出发，强调了对神经系统的研究。他的研究不仅是基于行为心理学的观察，还借助了当时新兴的认知科学和生物科学的研究成果，尤其是关于大脑如何处理各种不同类型的信息的知识。这种广阔和自由的研究方法使加德纳能够打破传统心理学的限制，探索智能的多元性。

在此基础上，加德纳在1983年提出了多元智能理论。这一理论的核心观点认为，智能不是单一的、不可分割的整体，而是由多种相对独立的智能构成，每种智能都有其特定的生物基础，都能以不同的方式对环境作出反应。例如，语言智能、数学逻辑智能、音乐智能、空间智能等，每一种智能都是独立存在的，有其独特的发展历程和生物学基础。加德纳进一步提出了评价智能的八项标准，这些标准包括：第一，大脑损伤证明智能具有潜在独立性；第二，智力受损者、神童以及天才的存在都与独立智能有关；第三，智能应与一个清晰的信息加工（思维）过程相联系；第四，智能应有一个独特的发育过程和发展到高级专业水平的潜力；第五，智能的逐步进化发展有据可依；第六，智能可以用心理学实验进行研究；第七，智能可以采用现有的标准化测验来测量；第八，智能的各个类型都可能用一个符号系统代表。这些标准不仅强化了智能的独立性和多样性，也为智能的科学研究提供了新的方法论。加德纳在1983年出版的《智能的结构》中正式提出了这一理论，标志着多元智能理论的正式诞生。

二、多元智能理论的八种智能

加德纳在《智能的结构》中提出人具有七种智能，包括语言智能、逻辑数学智能、空间智能、身体运动智能、音乐智能、人际关系智能和自我认知智能，之后在1996年又提出了自然观察智能。

（一）语言智能

语言智能是加德纳多元智能理论中定义的智能之一，它涵盖了使用语言的各种能力，包括听、说、读、写。具有较高水平的语言智能的个体通常在使用语言进行有效沟通和表达思想方面表现出高超的能力。这种智能不仅包括传统的口头和书面语言技能，还包括能够理解语言的多层次结构和含义以及利用语言进行复杂思维的能力。具体来说，语言智能主要涉及以下三个方面的能力，这些能力共同构成了人们对语言智能的全面理解。

1. 说服力

说服力是语言智能中一个重要的组成部分，它涉及使用语言来影响和改变他人的行为或观点。这种能力不仅体现在能够有效地传达信息和观点，还要能够通过逻辑论证、情感诉求或道德说服等手段，使对方接受并采纳这些信息或观点。在日常生活中，说服力的应用范围极广，从商业谈判、法庭辩论到日常的社交互动中，有效的说服技巧都是成功的关键。

2. 记忆潜能

语言不仅是沟通的工具，还是增强记忆的强大辅助工具。通过押韵、重复、歌曲等语言形式，信息可以更容易地被记忆。例如，许多人会通过歌词记忆复杂的信息，或者使用押韵的助记符来帮助记忆学术内容；在教育环境中，教师常常利用语言的记忆潜能设计教学策略，如使用口诀或故事帮助学生记住复杂的概念。

3. 解释能力

解释能力是指通过语言来阐释和传授概念的能力，不仅涉及信息的简单传递，还包括用语言分析、澄清并解释概念的能力。在教育和学术研究中，解释能力至关重要，它能帮助学生和听众理解复杂的理论和观点。此外，解释能力还涉及使用语言进行批判性思考与反思，这是深入理解任何学科领域的基础。

在教育实践中，教师可以开展各种语言驱动的活动来促进学生语言智能的发展。例如，教师可通过故事讲述和复述来提高学生的叙事能力；通过辩论和讨论来锻炼学生的逻辑思维和说服技巧；通过写作练习和日记来磨炼学生的书面表达能力。此外，开展语言游戏、诗歌朗诵和剧本表演等活动也能有效地激发学生的语言创造力和表达力。

（二）逻辑数学智能

逻辑数学智能是人类智能的重要组成部分，体现了个体在逻辑思维、数学理解、问题解决和抽象思维方面的能力。这种智能使人们能够在日常生活和学术研究中运用数学工具和逻辑方法解决各种问题。具备较高水平的逻辑数学智能的人不仅能在数学计算上表现出色，还能在需要结构化思维和逻辑推理的领域（如科学研究、工程设计、计算机编程等领域）展现其能力，他们能够通过逻辑推导解决复杂问题，理解和建构模型，并运用数学方法进行精确分析。

在教育过程中，培养学生的逻辑数学智能是至关重要的。为了有效地发展这种智能，教师可以设计一系列刺激思维的活动和练习，如逻辑游戏和数学难题，这些都是锻炼学生分析和推理能力的有效方法。逻辑拼图、数独游戏和其他类似的智力游戏不仅能激发学生的学习兴趣，还能帮助他们学习如何识别模式、制定策略和解决复杂问题。利用图表、模型和科学实验等教学工具可以帮助学生更直观地理解抽象的数学和科学概念。通过实验学习，学生不仅能看到理论的实际应用，还能通过实践活动巩固他们所学的知识。在化学课上通过化学实验来演示化学反应，或在物理课上通过实验来观察力和运动的关系，这些都能深化学生对科学原理的理解。教师还可以引导学生进行数据分析和项目统计，教授学生如何收集、整理、分析数据，并从中建立假设和验证理论。这种方法不仅增强了学生的数据处理能力，还培养了他们的批判性思维和科学探究能力。在这个信息化迅速发展的时代，这种能力对于学生未来的学术发展和职业生涯都是非常宝贵的。

（三）空间智能

空间智能是多元智能理论中一个核心的智能类型，涉及个体对空间关系的理解和操作能力。这种智能与对物理空间的感知有关，且包括对形状、颜色、线条、维度和方向的感知与处理。具有较高水平的空间智能的人能够在脑海中操纵和变换三维空间中的图像，这种能力对于建筑师、艺术家、工程师和设计师等职业尤为重要。

空间智能具体表现为多方面的能力：一是视觉感知能力，即能够准确地识别、观察和区分视觉世界中的各种元素，包括对形状、色彩和空间布局的敏感性；二是空间想象能力，即在缺乏物理刺激的情况下，能够在心中重构或变换视觉信息，如一个艺术家可能在没有实际画布的情况下，在脑海中构想出一幅画的布局；三是对空间关系的理解能力，如能够理解地图上的方向、阅读图表或进行图形设计。

在教学实践中，教师可以采用多种策略促进学生空间智能的发展。例如，教师可使用图形、图表和模型来解释抽象概念，帮助学生更好地理解复杂信息；设计绘画、雕塑等视觉艺术活动，帮助学生提高自己的空间理解能力；利用视频游戏或虚拟现实技术为学生提供一个动态的、交互式的学习环境，让学生在解决问题时能够应用其空间智能。

（四）身体运动智能

身体运动智能涉及个体利用身体各部分进行精确控制和表达的能力，这种智能不局限于运动领域的专业人士（如运动员或舞蹈家），而是广泛存在于所有需要身体表达和操作的活动中。个体展现这种智能时，可以通过多种方式表达思想和感情，包括使用手势、面部表情以及整体身体动作。此外，这种智能还涉及精细的手眼协调能力，使外科医生或手工艺人等职业人员能够进行复杂的手术操作或创作精美的工艺品。

身体运动智能不仅包括运动技巧，如跑步、跳跃或扔球等基本动作，还包括对自身身体的极致掌控能力，如在高速运动中的平衡、协调以及在静态持续力上的控制。这种智能使个体能够在各种身体要求的活动中优化自身状态。

教师在培养学生的身体运动智能时，应重视多样化的身体活动和练习，以培养学生的身体意识和控制能力。这有助于学生在体育和表演艺术中有出色的表现，增强他们的自信心和自我效能感，从而使他们在生活的多个方面都能更好地应用这种智能。

（五）音乐智能

音乐智能体现为个体在音乐方面的高度敏感性，包括对音调、节奏、旋律和音色的深入理解和应用能力。这种智能使一些人能够在无须外部协助的情况下识别复杂的音乐结构和模式，并能创造和表达音乐思想。音乐智能水平高的人通常能够演奏多种乐器，有能力进行作曲，或在听觉上对不同音乐元素作出细微的区分。音乐智能不是音乐家或演员的专属，它广泛存在于所有能够欣赏音乐和对音乐有所反应的个体中。这种智能的表现可以是自然哼唱旋律，能够准确无误地跟随节拍，或者能够对不同音乐风格作出感性的理解和评价。对于音乐智能水平高的人来说，音乐不仅是一种艺术形式，更是一种深刻的沟通方式和情感表达的工具。

在音乐教育中，教师应尊重并鼓励学生探索不同的音乐领域，发展学生的音乐才能和审美，包括乐器学习、声乐训练、音乐理论学习以及对各种音乐风格的欣赏。对学生进行全面的音乐教育有助于提升他们的音乐智能，使学生在理解和创作音乐方面的能力得到显著提高。

（六）人际关系智能

人际关系智能涉及个体在与他人互动时展现的认知和情感能力。这种智能使个体能够洞察他人的情绪、动机和意图，并据此建立有效的沟通和关系。具有较高水平的人际关系智能的人通常能够在没有明显线索的情况下识别他人的非言语信号，如肢体语言、面部表情、语音的细微变化，甚至是对方的呼吸节奏。这种敏感性使他们在社交互动中更加得心应手，能灵活地适应不同的社交环境和人际关系的需求。人际关系智能还包括能够理解和处理复杂的人际动态，如权力关系、社会规范和文化差异。这种能力在多文化的工作环境中十分重要，可以帮助个体有效地与来自不同背景的人建立合作和友谊关系。在工作和生活中，这种智能的表现通常关系着更高的人际效能和更深层次的人际满足感。

对于教育者来说，培养和应用人际关系智能至关重要。他们需要识别和适应不同学生或下属的个性和需求，营造一个和谐且富有成效的学习或工作环境。例如，优秀的教师能够感知学生的情绪状态和学习需求，从而调整教学策略以满足每个学生的特定需要。

（七）自我认识智能

自我认识智能反映了个体对自己内在世界的深入理解和认识。拥有较高水平的自我认识智能的人能够准确地评估自己的情绪、动机、欲望以及优点和局限，这种自我理解是个人成长和发展的基石。自我认识智能使个体能够制定符合自身实际和期望的人生目标，并有效地规划和调整行为以达成这些目标。这种智能的发展对于任何希望提升个人效能和生活质量的人都是至关重要的，它涵盖了自我反省的能力，使个体能够在经历挫折和失败时进行有意义的自我分析和批评。这种智能还包括自我调节的能力，能够管理自己的情绪和行为，特别是在面对压力和挑战时。

自我认识智能不仅会影响个体的心理健康和幸福感，还会影响人际关系和职业成功。个体在自我认识的基础上，能够建立更真实和更满意的人际关系，同时在职业选择和职业发展方面做出更符合自身能力和兴趣的决定。教育和心理健康专业人士应鼓励个体探索和发展自我认识智能，通过日记写作、心理咨询和自我反思练习等方式增进对自己的理解和接纳。

（八）自然观察智能

自然观察智能反映了个体对自然环境中各种现象和细节的敏感性和理解能力。这种智能使人们能够认识和分类自然界的不同元素，如植物、动物、矿物或天气模式，并应用这些知识进行实际操作和决策。个体展现这种智能时，能够识别环境中的细微变化，理解这些变化对生态系统的长远影响，并在需要时作出相应的调整。自然观察智能的表现不限于传统的自然科学领域。在现代社会，这种智能同样重要，它关系到如何有效地管理和保护自然资源，确保可持续发展。例如，农业工作者可以利用对作物生长模式的深入理解来优化种植策略，生态学家则可通过观察不同生物群落的互动来评估生态系统的健康状况。

自然观察智能还体现在对人造环境的理解上，如城市规划师和景观设计师需要考虑自然元素如何与人造结构和谐共存，这需要深入理解自然规律和人类活动对环境的可能影响，以创造既美观又实用的生活空间。

对于教育者而言，培养学生的自然观察智能尤为关键。这不仅涉及科学教育，还涉及培养学生对自然环境的尊重和责任感。学校和教育机构可以设立更多户外教学活动，如野外考察和自然观察项目，让学生亲身体验和学习自然界的运作。这种亲身体验的学习过程能够极大地提高学生对生物多样性和生态系统复杂性的理解。

三、多元智能理论的有益启示

多元智能理论为初中阶段的历史教学提供了一种更加全面和动态的教学与评价框架。通过识别并利用学生在不同智能领域的潜能，教师可以设计更为有效和个性化的教学策略，帮助学生在各自的强项上突破最大潜能的发展。

（一）综合应用多种智能

在初中阶段的历史教学中，综合应用多种智能可以通过设计多样化的活动触及和激发学生的不同智能，从而全面提升他们的学习能力和兴趣。例如，利用语言智能，教师可以鼓励学生撰写历史故事、参与演讲和辩论，以加强学生的语言表达和理解技能；对于逻辑数学智能，教师可通过分析历史数据、创建时间线和事件因果关系图帮助学生发展逻辑思维；空间智能可以通过使用地图、重建历史场景或设计时间轴来提升；人际交往智能的提高可以通过小组项目、模拟联合国会议或历史角色扮演等活动加强学生的合作和社交技能；身体运动智能则可以通过组织实地历史探索或模拟考古挖掘等身体活动深化学生对历史的理解。这些策略不仅促进了学生在最擅长的领域内的学习，还提高了他们的整体学习动机和对历史知识的吸收效率。

（二）强调实际问题解决能力的培养

在初中阶段的历史教学中，将所学知识与现实世界的问题解决能力相结合是极为重要的。这种教学方法不仅要传授历史事实和日期，还涉及如何利用历史知识来分析和解决当代问题。例如，教师可以引导学生研究历史上的经济危机，探讨当时采用的解决策略，并与学生一起分析现代可能出现的类似危机和应对策略。通过这种方法，学生理解了历史事件本身，提高了自己的批判性思维和解决问题的能力。

教师可以设计一些基于现实问题的项目，如气候变化、国际关系等，让学生探索这些问题在历史上的根源和发展过程以及不同时间和文化背景下的处理方式。学生可以通过团队合作研究这些问题，并提出创新的解决方案。这样的教学活动不仅提高了学生对历史学习的兴趣，还锻炼了他们的研究和团队协作能力。

（三）采用多样化的评价方法

多元智能理论强调教学和评价方法的多样性，以适应不同学生的学习风格和智能优势。在初中阶段的历史教学中，这意味着传统的书面考试应该与其他形式的评价方法相结合，以全面评估学生的学习成果和智能表现水平。除了书面考试，教师可以设计项目报告、口头展示和多媒体制作等评价方式。例如，学生可以通过制作一部关于特定历史事件的纪录片来展示他们的研究成果，这不仅考查了他们的历史知识，还考查了他们的研究能力和创意表达能力。

组织团队合作项目也是一种重要的评价方式，它可以展示学生在人际交往和合作中的能力。在团队项目中，学生需要一起讨论、规划和实施他们的历史研究项目，这种过程有助于提升他们的沟通能力和团队精神，同时能让教师观察到每个学生在团队中扮演的角色和作出的贡献。这种多样化的评价方法不仅能更公正地反映学生的多方面能力，还能更加有效地促进学生各种智能的发展和应用。

第四节　教育评价理论

一、教育评价理论概述

教育评价理论为指导和开展各类教育评价奠定了基础。影响力较大的教育评价理论主要以泰勒的教育评价理论、斯克里文的形成性评价理论和斯塔弗尔比姆的 CIPP 教育评价理论为代表，并相应形成行为目标模式、目标游离模式和 CIPP 模式。这三种评价模式在教育评价目标与过程方面各有侧重，为课程体系预评价机制研究奠定了理论基础。

（一）泰勒的教育评价理论——行为目标模式理论

行为目标模式理论是一种系统的教育评价方法，由 20 世纪教育学家拉尔夫·泰勒（Ralph W. Tyler）提出，旨在确保教育活动的有效性和教育目标的实现。这一理论强调教育评价的系统性和连续性，主张评价应贯穿教育计划的整个实施过程，从而使教育目标的设定与实际成果之间建立明确的联系。根据行为目标模式理论，教育评价不是对学生知识和技能的简单测量，而是一个全面评估教育成效的过程，涵盖了教育目标、教育内容、教学方法及其评价。评价的目的在于检验教育活动是否达到了预定的行为目标，即学生是否通过教育活动获得了预期的知识、技能和态度。

行为目标模式理论还强调评价的科学性和客观性。泰勒认为，评价应该基于可靠的数据和科学的方法，而不是仅依赖个人主观的经验或偶然的观察。这种方法要求教育者在设计和实施教育计划时，必须明确具体的行为目标，这些目标应是具体的、可测量的，并能够明确指导教育活动的各个方面。评价的过程通常包括两个关键节点：计划实施前和实施后。在教育计划实施前进行的评价能够确定教育活动是否正确地聚焦于既定目标，是否拥有实现这些目标的潜力。而在教育计划结束后进行的评价可用于评估实际教育成效，即学生在教育过程中的表现水平是否达到了预设的行为目标。通过这种前后对照的评价方式，教育者可以有效地识别和解决实施过程中出现的问题，从而不断调整和优化教育策略。

作为一种较早且广泛应用于教育评价的理论，行为目标模式的核心在于以明确的教育目标为导向，进行科学且全面的教育评估。该模式不仅应用于学生的成绩评价，还广泛涉及课程内容、教学方法以及整个教育系统的专业评估。其主要特点是将教育活动的成果与预设的行为目标进行比较，从而评定教育活动的有效性和教育目标的实现程度。这种目标导向的评价模式强调通过具体、可测量的指标监测和评估学生的学习进展，确保每一个教学环节都紧密围绕既定的教育目标进行。

（二）形成性评价理论

形成性评价理论是由美国教育家和心理学家米歇尔·斯克里文（Michelle Scriven）在20世纪60年代后期提出的，是对当时流行的行为目标模式理论的一种扩展和反思。斯克里文的理论旨在改变传统教育评价的焦点，从单一的目标导向转向更加关注教育实施过程和实际成效的评估。他认为，教育评价应更多地关注"方案实际做了什么"，而不仅仅是"方案想要做什么"。

形成性评价的核心在于通过连续的反馈和调整提高教育活动的质量。在这一评价模式中，教育计划的执行情况会实时地提供给评价者，使评价者能够在教育活动进行的各个阶段提供反馈，从而及时调整教育策略和方法，确保教育目标的实现与教育质量的提高。这种持续的评估过程有助于揭示教育实践中的问题和挑战，为教育决策者和实践者提供依据，以改进和优化教学过程。斯克里文还强调，在总结性评价阶段，评价者应当将已完成的教育活动作为评价的对象。这一阶段的评价聚焦于收集和分析数据，以评估教育活动的整体成效和影响。总结性评价的目的是提供一个教育活动结束后的全面回顾，评估教育活动的最终成果与预期目标的契合程度以及实际执行过程的有效性。这种评价不仅重视结果的分析，还关注过程中的各种细节，如参与者的反馈、教育方法的应用效果以及教育资源的利用情况等。

形成性评价理论通过这种对教育活动全过程的关注和对结果的深入分

析，为教育实践提供了一种更为动态和反应迅速的评价方法。这种方法鼓励教育者在实践中不断学习和改进，确保教育活动能够更好地满足学习者的需求并达到预期的教育效果。通过实施形成性评价，教育者可以更有效地掌握教育进程，适时调整教育策略，从而在提高教育质量的同时，提高教育活动的适应性和创新性。

（三）CIPP教育评价理论

CIPP教育评价理论由美国学者斯塔弗尔比姆（Daniel Stufflebeam）在20世纪60年代末期提出，涉及背景（context）、输入（input）、过程（process）、成果（product）四个维度的评价。这一理论是在现代系统论的基础上发展起来的，旨在为教育评价提供一个全面的框架，以支持教育决策的有效性并促进教育实践的持续改进。

CIPP教育评价理论中的背景评价（context evaluation）关注的是教育目标和活动是否符合教育需求和背景条件。这一阶段的评价旨在确保教育活动的设计与目标能够满足学习者的实际需求，适应当地社会、经济以及文化的具体情况。通过对教育环境和目标进行深入分析，背景评价能够帮助教育者了解当前教育实践的优势与不足，从而为制订更加切合实际的教育计划提供依据。

输入评价（input evaluation）聚焦于所需资源和条件的分析以及实施方案的可行性评估。在这一阶段，评价工作的重点是确定实现教育目标所需的各种输入，如资金、设备、人员和材料等，以及这些资源的配置是否科学、合理。输入评价不仅能评估资源的充分性，还涉及教育方法和策略的选择与创新，能确保所采取的措施有效支持教育目标的实现。

过程评价（process evaluation）着眼于教育活动的实施过程，负责监测和记录实施过程中的关键事件和操作。通过持续追踪教育实施的各个阶段，过程评价能够识别实施过程中可能出现的问题和挑战，并提供及时的反馈和调整建议。这样的评价有助于提高教育活动的透明度和参与者的责任感，同时增强教育活动的适应性和灵活性。

成果评价（product evaluation）则关注教育活动的最终结果，通过比较预期目标与实际成果评估教育活动的成效。成果评价不仅能衡量学习成果的达成程度，还能考查这些成果对学生长远发展的影响。这一评价阶段有助于总结教育活动的成就和不足，为未来的教育实践提供改进的方向和依据。

尽管 CIPP 模型在理论和实践上都具有显著优势，但它的实施也存在一定的复杂性和挑战。这种模型需要详尽的数据收集和分析，评价过程涉及多个阶段和方面，需要较高的专业能力和资源投入，增加了评价的复杂性。因此，执行 CIPP 模型时，教育机构需要具备相应的评价专业知识和技术支持。CIPP 模型中评价者通常是教育决策者，这可能导致评价过程中的权力过分集中。评价者的主观性可能影响评价的客观性和公正性，特别是在教育决策者同时担任评价者的情况下，可能会扩大决策者的权力，影响评价结果的公正性。

二、教育评价理论的有益启示

教育评价理论为初中阶段的历史教学评价提供了多角度的思考和实施方法，可以帮助教师更有效地评估和改进教学过程和学习成果。下面是泰勒的教育评价理论、斯克里文的形成性评价理论和斯塔弗尔比姆的 CIPP 教育评价理论在历史教学中的具体应用启示。

（一）泰勒的教育评价理论的启示

泰勒的教育评价理论强调通过明确的教育目标引导教育活动和评价。在初中阶段的历史教学中，这种理论的应用意味着教师需要明确地制定教学目标，包括知识掌握、技能发展和态度形成等方面。教学目标应具体、可测量，并与课程标准和学生的实际需求相一致。

在初中阶段的历史教学中，设定明确且具体的学习目标是至关重要的，如要求学生能够识别并描述至少三大古代文明的主要特征，分析它们的兴衰原因，评估这些文明对现代社会的持续影响。有了这些明确的行为目标，教学和评价活动都能围绕目标进行，确保教学的目的性和成效的可衡量性。为了实现这些目标，教师可以采用多样化的教学方法来提高学生的参与感和学习动力，如分组项目作业、课堂讨论和辩论以及虚拟现实体验等。评价学生的学习成效时，教师应综合运用书面测试、口头报告和反思性写作等多种评价方式，以全面反映学生的知识掌握、分析能力和批判性思维能力。这样的教学策略和评价方法不仅有助于提高学生的历史知识水平，还能促进他们的综合思维能力和实际问题解决能力的发展。

（二）形成性评价理论的启示

斯克里文的形成性评价理论强调评价应用于教学过程中，以实时反馈和调整为目的，促进学生的学习进步和教师的教学发展。这种评价模式不局限于教学的最终结果，而是关注整个教学过程中的学生表现情况和教学策略的有效性。

在历史教学中，形成性评价是一种重要的教学策略，它允许教师通过日常的教学互动（如课堂观察和小组讨论），实时监测学生的学习进度和理解程度。教师可以在授课过程中提出具体问题，以此测试学生对特定历史事件的理解。根据学生的回答，教师可以及时调整教学焦点，如果发现学生对某一事件的原因和影响理解不足，教师可以当场进行额外解释或在后续课程中增加相关内容。对学生项目工作的初稿进行评审也是形成性评价的一部分，教师可以提供详尽的反馈和改进建议，使学生有机会在最终提交前对其工作进行必要的修正和完善。这种评价方式不仅增强了学生的学习动力，还促进了他们批判性思维和解决问题能力的发展，使历史学习更加深入和有效。

（三）CIPP教育评价理论的启示

斯塔弗尔比姆的CIPP教育评价理论提供了一个全面的框架，涵盖教育评价的各个方面，包括背景评价（评估教学背景和需要）、输入评价（评估所使用的资源和策略）、过程评价（评估教学实施的过程）、成果评价（评估教学成果）。

在历史教学中，CIPP教育评价理论为教师提供了一种系统的方法来全面评价教学单元或整个课程的有效性。在教学计划的起始阶段，教师可以实施背景评价，评估学生的先验知识和兴趣，以便为课程内容和教学方法的选择提供数据支持，如了解学生对古代文明的兴趣程度可以帮助教师明确重点关注的文明及其教学深度。在教学准备阶段，输入评价能帮助教师确定选用的教材和资源是否满足这些学习目标和学生的学习需求，确保所有的教学辅助材料和技术工具都能有效支持教学过程。在教学实施过程中，过程评价关注的是课堂管理和学生的参与情况，教师可以通过观察学生的课堂互动和参与度来调整教学策略，确保教学活动能够吸引学生并促进有效学习。成果评价则通过课程结束时的考试、学生项目、口头报告及其他表现形式评估学生是否成功实现了教学目标，通过分析学生在期末项目中的表现水平评价他们对历史事件的理解和分析能力。这种综合评价模型不仅确保了教学活动的适宜性和实效性，还促进了教师对教学过程的持续改进和学生学习成果的最大化。

第三章

历史教学评价的意义

第一节　培养学生的核心素养

　　培养学生的核心素养是历史课程的开展目标，也是实施历史教学评价的重要意义。要想更好地理解核心素养在历史教学评价中的重要地位，教育者首先需要了解核心素养的基本内涵以及培养核心素养的意义。

一、核心素养的基本内涵

（一）核心素养的概念

　　核心素养是一个多维度的概念，它不仅关注个体的知识和技能，还重视道德品质、情感态度以及独立思考的能力。这一概念体现了"全人"的教育理念，即教育的目的是培养拥有综合素质的人。在不同的历史时期，无论是东方还是西方，社会都强调通过教育培养个体的道德品质。例如，中国古代的"内圣外王"教育理念强调内在修养与外在治理的统一，西方古典哲学中的"美德即知识"则将道德理解为对知识的追求和实践。这些观念都反映了社会对个体应具备的核心素养的期望。随着社会的发展，核心素养的内容也在不断更新。经济合作与发展组织将核心素养定义为关键能力（key competencies），具有这些能力是人们在快速变化的社会中成功适应和参与社会生活的必备条件。

　　在以工业和科技经济为代表的现代社会，"能力本位"获得普遍认同，在整个 20 世纪得到广泛使用。多元智能、外显能力与潜在能力等理论相继出现，人们对素养的理解停留在能力的层面。在 21 世纪，随着经济全球化和信息化的加速，传统的教育理念已不能满足社会的需求，因此"核心素养"和"21 世纪素养"这样的概念应运而生。

　　在快速变化的世界中，个体需要掌握广泛的基础知识和专业知识，这为理解复杂问题和做出有效决策提供了条件。随着信息量的激增，批判性思维和解决问题的能力变得尤为重要，这需要个体不仅能够识别问题，还要能创新地找到解决方案。在经济全球化的环境中，有效的沟通和团队协作能力能够促进知识的交流和共享，促进问题的解决，增强国际合作。自我驱动的学习能力和自我管理能力是适应社会变化的关键，能支持个体持续成长并应对新挑战。在科技迅速发展的时代，熟练掌握并合理利用现代技术工具是提高个人和组织效率的必备条件，能帮助人们有效应对挑战。正确的道德观和强烈的公民责任感对于维护社会稳定和促进公平正义也具有重要意义。这些核心素养的培养是现代教育应对未来挑战的基础，也是每个公民应有的素质。

自2014年教育部将学生核心素养体系研究确定为推进教育体系革新的重点以来，中国的核心素养研究进入了一个新的阶段。核心素养的概念得到了广泛的关注和深入的探讨，标志着中国教育改革向更加注重全面发展和终身学习的方向迈进，众多教育专家开始对此进行深入研究，学术会议和研讨会的举办，如中国教育学会的年会和有效教学理论与实践研讨会等，进一步推动了核心素养的研究和讨论。2016年，《中国学生发展核心素养》总体框架的公布，为中国教育改革提供了具体的方向和标准。这一框架明确了教育应该培养的人的类型，指导教育实践和课程设计。有关核心素养的研究不再局限于基础教育阶段，还逐渐扩展到高等教育领域。这反映了我国全面关注各个教育阶段学生发展需要，有利于建立一个能够满足不同发展阶段需求的综合素养体系。

笔者认为，核心素养是个体在面对未来的不确定性问题和挑战时所需的关键能力和品格，能够全面发展个体的潜力，使个体适应快速变化的社会。这种素养不仅包括批判性思维、创新能力和学习新技能的能力，还涵盖能够满足职业多样化需求的跨领域技能，如沟通能力、团队合作能力和领导能力。核心素养还包含道德和公民意识，使个体能够在推动社会公正和可持续发展方面发挥作用。这种素养的形成是一个动态的过程，会随着社会和职业需求的变化持续演进，这要求教育体系具有灵活性和适应性，不断更新教育内容和方法，确保教育的有效性和相关性。这种教育理念能够推动教育者持续反思和创新，以应对未来的挑战，培养在多变的世界中可以持续自我更新和为社会作贡献的个体。

（二）核心素养的维度

在全面探索和界定核心素养的框架过程中，笔者依据广泛的国内外研究，将核心素养细分为人与工具、人与自我以及人与社会三大维度，以更好地阐释个体在复杂环境中所需的关键能力。其中，人与工具维度关注的是个体如何有效地利用工具进行沟通和信息处理；人与自我维度关注的是个体的内在发展，包含自我理解、反思能力、创新精神与实践能力四个方面；人与社会维度则关注个体与外部世界的互动，这一维度包括合作参与能力、社会责任感与国际理解能力三个方面。

1. 人与工具维度

人与工具维度强调个体运用语言、符号和信息技术等手段进行有效互动的核心能力。在当前科技快速发展的时代，能够精准运用这些工具是适应社会发展的基本条件。掌握并有效使用这些工具和技术，对于解决社会发展中遇到的复杂问题至关重要。这种能力使个体能够在快速变化的环境中保持竞争力，进而促进个人和社会的整体进步。语言运用素养和信息素养是人与工具维度里的两个关键组成部分。

（1）语言运用素养。语言运用素养是指个体在掌握了语言的基础知识和规则之后，能够在不同的语境中准确、恰当地使用语言进行交流、理解和创造性表达的能力。这种素养是社会交往的基石，它不仅是语言的简单应用，还是一种深层次的文化和思想交流方式，涉及语言的所有层面，包括听、说、读、写、译等。具体来说，语言运用的高级形式包括能够对话题进行深入讨论、在公共演讲中有效表达以及在写作中展现个人的独到见解。

母语的运用能力是个体最基本的语言能力，它支撑着人们的日常沟通和基本的社会活动。外语能力的培养则扩展了个体的视野，使个体能够跨文化交流，参与国际合作，理解不同的文化视角。在经济全球化迅速发展的今天，外语运用能力变得尤为重要，不仅能增强个体在国际舞台上的竞争力，还有助于促进不同文化之间的理解与尊重。

（2）信息素养。信息素养涵盖了个体在信息社会中获取、处理、开发、评价和传播信息的能力。在信息时代，信息素养已经成为人们社会生活中十分重要的一部分。具体而言，信息素养包括信息意识、信息知识、信息能力以及信息道德四个层面，每个层面都是个体成功适应现代社会的关键。信息意识是指个体对信息的敏感度和对信息价值的认识，在数据量日益增长的时代，能够意识到哪些信息是有价值的、哪些是次要或不相关的，是高效处理信息的第一步。信息知识包括对信息分类、存储和检索等基本概念的理解，这是科学管理和使用信息的基础。信息能力是指在实际操作中处理信息的技能，如使用各种工具和软件进行数据分析、信息整合和创新性信息产出等。信息道德是指在信息的使用过程中应遵守的伦理规范，如尊重信息来源的知识产权、保护个人隐私、避免信息的不当使用等。

2. 人与自我维度

在人与自我维度中，个体的发展与自我认知紧密相关，强调了理解自己的能力和目标以及认识到自己的权利与责任是适应现代社会的重要基础。在不断变化的现代环境中，个人只有深刻了解自身，才能有效地定位并推动自己的成长和进步。这一维度涵盖了自我理解能力、反思能力、创新精神和实践能力四个关键方面，每个方面都对个人的自我实现和社会功能的发挥至关重要。

（1）自我理解能力。自我理解能力是个体对自己的行为、感受和思维方式有系统认识和了解的能力，它构成了个体理解自身在社会中角色和功能的基础。通过对自己生理、心理及社会行为的深入理解，个体不仅能认识到自己的存在，还能有效地定位自己在复杂社会结构中的位置。这种理解是实现个人潜能和促进个人成长的关键，因为只有深刻了解自身，个体才能有效地发挥自己的社会作用，进而更好地发展和进步。

（2）反思能力。反思能力是指个体能够对自己的行为、知识和经历进行深入思考和批判性分析的能力。这种能力不仅涉及对过去行为的评估，还包括对未来可能行动的预见性考量。反思能力的核心包括自我意识、批判性思维、探索精神、坚强的意志和自我评价能力。在快速变化的社会中，反思能力尤为重要，因为它能使个体从经验中学习，不断调整和改进自我，从而在人生道路上不断前进。通过有效的反思，个体能更准确地认识到自己的长处和短板，据此做出更合理的生活和职业选择，实现自身的最大发展。

（3）创新精神。创新精神是指个体在创新活动中展现的智力和品格，它是一种持续的、积极的心态，体现了个体质疑旧观念和创造新思维、新物品的勇气。创新是推动一个民族不断进步的核心，也是国家繁荣发展的永恒动力。在科技快速进步和经济全球化不断加深的今天，创新精神是尤为关键的。这种精神鼓励个体超越传统，探索未知，不断追求技术和思想上的突破。

（4）实践能力。实践能力是指个体将所学知识和技能应用于解决实际问题的能力，涵盖了必要的生理和心理特质。这种能力是知识和技能的有效整合，反映了个体在现实生活中应用学习成果的能力。实践能力的重要性在于它能将理论知识转化为现实世界中的具体成果。在个体的发展过程中，实践能力的培养占据着重要的位置，能够确保个体在各种情境下有效执行和操作。

3. 人与社会维度

人与社会维度反映了个体为了适应和成功生活在现代社会中必须具备的关键社会能力。作为社会性生物，人们必须在社会的多样互动中找到自身的定位，从而确立自己的人格和社会身份。人与社会维度涉及三个核心方面：合作参与能力、社会责任感与国际理解能力。

（1）合作参与能力。合作参与能力体现了个体在追求共同目标时展示的协调合作态度、技能和品格。在当前社会，合作已成为必不可少的社会需求，因此培养合作参与能力对于个体在合作环境中的成功至关重要。这种能力涉及与他人共同行动以达成特定目标的意识，和为确保任务高效完成所需的相应技能和优良品质。合作参与能力可从三个方面加以培养：提升合作意识、磨炼合作技能和塑造良好的合作品格。

（2）社会责任感。社会责任感是指个体对于自己在家庭、社会和自然环境中应承担的职责与任务的自觉认知和行动，它强调了现代人应有的社会责任意识，即自觉履行社会义务并积极贡献于社会发展的态度。社会责任感包括维护诚信、勇于承担责任、遵守法律、保护生态环境。这些都是构建负责任的公民所必需的基本素养。

（3）国际理解能力。国际理解能力即个体对全球多元文化的理解与尊重，并认识到全球社区中每个成员的重要性。这种能力使个体能够欣赏不同历史与文化背景，理解世界各地人民的生活方式和价值观，并在经济全球化背景下，促进多元文化的和谐共存与世界和平。国际理解能力体现在个体对国际事务、多元文化和人类共有未来的深刻关注与充分认知中。在全球互联互通日益加深的今天，国际理解能力对于任何希望在国际舞台上有效互动的个体来说都是很重要的。

二、培养核心素养的意义

（一）回归教育的初衷

在人类历史的长河中，教育一直在探求其根本目的，即教育应如何滋养生命、如何为社会注入活力。核心素养教育的提出为现代教育指明了方向，因为其强调的是知识和技能的传授，且重视情感、态度、价值观等维度，回归到了教育的初衷——培养完整的人。

核心素养教育提倡从学生的生命感受出发，关注他们的幸福和品质成长。这种教育模式鼓励学生发展成为有能力面对未来挑战、能够持续学习和适应变化、具备良好人际交往和道德素养的人，旨在解放学生的创造潜力，培养他们作为社会成员的责任感和参与感。

（二）点亮生命之光

核心素养教育要求教育者重新审视教育的根本目的，将学生的全面发展置于核心位置，从而更好地服务于每一个学生的生命成长。核心素养不仅关注学生的认知发展，还强调情感、态度、价值观的培养以及如何将这些素质转化为社会实践中的具体行动。通过核心素养的培养，学生将学会如何与自己和谐相处、如何与他人有效交流以及如何作为社会的一员贡献自己的力量。

（三）塑造美好生活

核心素养的培养是现代教育的重要使命。在个体的终身发展过程中，核心素养不仅是立足社会和生存发展的必备能力，更是提高生活品质与生存质量的关键。

核心素养涉及领域广泛，从个人品质到文化素养，从精神境界到日常生活的品位，每一个方面都与核心素养紧密相关。核心素养能够赋予个体处理复杂社会关系的智慧，提升个体与自然和谐相处的能力以及在面对挑战时展现韧性的品质。这些能力的培养使个体在社会中稳固立足，追求更高层次的生活目标。核心素养还强调文化意识、环境研究与个人职业发展等方面的教育，这些都是个体在现代社会中实现自我价值和为社会作贡献的重要工具。例如，通过提升语言交往能力、合作能力和表达能力，个体不仅能更有效地与他人沟通，还能更深刻地理解他人和自身所处的世界。

教育的根本目的是通过个人的全面发展，使每一个人都能够在社会中找到自己的位置，开展富有成就感和愉悦感的生活。这种教育不仅满足了个体的基本需求，还架起了个体与社会良性互动的桥梁，使每个人都能在这个多元化的世界中寻得自我，享受美好的生活。核心素养的培养是真正以人为本的教育理念的体现，是现代教育赋予个体的最宝贵的资本。

三、围绕核心素养的历史教学评价

《义务教育历史课程标准（2022年版）》指出：历史课程要培养的核心素养，主要包括唯物史观、时空观念、史料实证、历史解释、家国情怀5个方面。开展历史教学评价也是为了促进学生在这5个素养方面的培养和提升。

（一）促进学生唯物史观的培养

历史教学在初中阶段扮演着至关重要的角色，其核心目的不仅包括传授历史知识，还包括引导学生形成正确的历史观。唯物史观作为科学的历史观和方法论，强调从历史的客观基础和发展规律来认识和分析历史事件，从而使历史学成为一门科学。因此，在初中历史教学中开展评价的目的之一是培养学生的唯物史观，帮助他们全面、客观地理解历史。

唯物史观认为，人类社会的发展和历史事件是有其内在逻辑和规律的。这种观点强调历史的经济、社会结构是历史发展的基础，政治或个人英雄行为反映了这些结构的变化。因此，在初中阶段，历史教学评价应当重视学生能否理解历史事件背后的经济和社会动因，而不仅仅是记忆历史事实和年代。历史学习的过程是"由表及里、逐渐深化"的，学生在学习历史时，应通过对事件表象的学习逐步深入对历史本质的理解。历史教学评价应能反映学生能否通过分析具体的历史材料揭示更深层次的社会和经济规律。

（二）促进学生时空观念的培养

时空观念是历史学科的核心概念之一，强调学生需要通过具体的历史时期和地理环境来理解事件。例如，了解罗马帝国的扩张不能只看其军事征服，还要考虑当时的地理政治环境和社会经济条件。通过这种方式，学生可以更全面地理解历史事件的发生、发展和结果。

在历史教学中，教学评价的应用是多样化的，它是对学生记忆能力的测试及对他们分析和应用时空观念能力的测试。教师可以通过案例研究、时间线的创建、地图分析和角色扮演等方法来评估学生的时空观念。这些评价方式能够帮助教师了解学生能否将历史事件放在正确的时间和地点背景下进行分析。这种深度的历史学习使学生能够批判性地思考历史，更好地理解现代世界的复杂性。

（三）促进学生史料实证能力的培养

史料实证是历史学科的核心方法之一，强调对历史资料进行严格审查和分析，以达到尽可能真实地还原历史事件的目的。在教学过程中，教师需要引导学生认识到，所有历史知识的构建都基于对史料的解读。因此，掌握如何辨析和运用这些史料是学习历史的基础。

历史教学评价在培养学生史料实证能力方面发挥着关键作用，特别是在测试学生的史料收集、分析和解释能力方面。科学、有效的评价不仅需要检验学生区分一手和二手史料的能力，还应考查他们如何批判性地思考史料的出处、时代背景以及作者的意图。历史教学评价还要验证学生能否有效利用这些史料支撑自己对历史事件的理解和论述，从而确保他们能够在准确的历史框架内构建论点并展开分析。这种综合性的评估方法有助于培养学生深入理解历史的能力，使他们能够更全面地认识和评价过去的事件。

（四）促进学生历史解释能力的培养

历史解释不仅是对事实的重述，更是对这些事实背后意义的深入分析。这要求学生不仅要知道"发生了什么"，还要理解"为什么会这样发生"以及"这一事件的后果和意义"。历史解释的核心在于使用史料来支撑观点，这要求学生具备批判性思维和分析能力，能够从各种史料中提取信息，并据此构建连贯的历史叙述。在初中阶段的历史教学评价中，检验学生如何使用史料进行有效的历史解释是开展评价的重要目的。这一过程包括多个层面：第一，学生需展示他们如何收集、筛选和运用合适的史料支持自己的历史论述，这不仅涉及史料的直接引用，还需要对史料的可靠性和相关性进行严格评估；第二，历史教学评价需要考查学生如何将这些史料融入自己的历史叙述中，形成合乎逻辑的历史论证，详细分析事件的原因、过程和结果；第三，历史教学评价应验证学生在进行历史解释时的批判性思维和客观性，包括他们能否理解并表达多种历史观点，以及能否识别和反思自己的偏见和假设。这种评价方法旨在培养学生的历史思维能力，使他们能够更深入地理解和分析历史事件。

（五）促进学生家国情怀的培养

历史教学在初中阶段承担着培养学生家国情怀的重要职责。家国情怀是对过去的一种纪念，也是一种将个人命运与国家、民族的未来紧密相连的情感和责任感。通过历史学习，学生可以形成对国家、民族以及自己家乡的认同，同时培养具有国际视野的全球公民意识。

历史教育应当充满人文关怀，鼓励学生关注现实问题，激发他们对家乡的热爱以及对祖国的忠诚。这种教育是关于历史事实的学习，也是一种情感和价值观的培养过程。通过对历史事件的深入学习和理解，学生能够看到个人、社会与国家之间的联系，认识到自己作为公民的责任和作用。此外，历史教学应当引导学生放眼世界，理解不同文化和国家之间的互动，从而培养他们服务于国家富强、民族复兴及人类命运共同体的能力和责任感。

在这一教育目标实现的过程中，历史教学评价起到了核心作用。评价方法的设计应当能够准确反映学生是否已经形成了对国家、民族和家乡的认同，以及他们是否已经具备了国际视野和社会责任感。具体的评价可以通过不同的方式进行，如历史论文、项目报告、口头演讲等，这些评价不仅能够考核学生对历史知识的掌握程度，还能考查他们如何将这些知识与当前的社会、经济和政治问题联系起来。教师可以设计一些评价题目，要求学生探讨某个历史事件对现代社会的影响，或者分析历史人物的行为对于国家和民族的长远意义。通过这种方式，可以使学生在实际操作中深化对历史的理解，增强他们的家国情怀。

第二节 提高教师的专业水平

一、教师专业水平的内涵

教师的专业水平通常是指教师在其教学领域内的知识掌握、教学技能、课程设计、学生评估、课堂管理以及持续的专业发展等方面的能力。这种专业水平是教师有效传授知识和技能、促进学生全面发展的关键。在初中阶段的历史教学中，教师的专业水平发挥着巨大的作用，甚至可以说是影响教学成功的关键。

教师的专业水平在历史教学中占据着核心地位，决定了教育的质量和学生的学习成效。一个专业水平高的历史教师不仅要拥有深厚的历史知识，还要精通教学方法，这使他们能够设计出既丰富又具有吸引力的课程。历史不仅是记忆过去的事件和日期，更重要的是理解这些事件如何影响了现在和将来。因此，教师的任务不只是传递知识，更重要的是引导学生理解和评价历史发展的复杂性。这需要教师具备将复杂概念简化并有效传达的能力，以及激发和维持学生学习兴趣的策略。

高水平的教师能够利用多种教学资源和方法使历史课堂生动有趣，提高学生的参与感，如多媒体工具、历史文献、模拟活动等。他们还能够创建一个开放的学习环境，鼓励学生提问和表达自己的观点，这对于培养学生的批判性思维至关重要。批判性思维是历史学习中的一个核心元素，它让学生不仅能接受事实，还能去探究原因，理解结果，评估不同的历史解释。教师的专业能力越强，在课堂上越能有效地使用问题导向的方法，促使学生深入思考，从而提高学生分析和解释历史的能力。

教师的专业水平还体现在他们对学生个体差异的敏感性和适应性上。了解每个学生的学习风格和需求，能使教师更好地调整教学策略，以满足不同学生的需求。这种个性化的教学方法不仅可以帮助所有学生达到学习目标，还能激发他们对历史学科的长期兴趣。教师专业水平的提高也需要持续的自我教育和专业发展，这意味着教师需要定期更新教学内容和方法，参加教师培训和研讨会，并与其他历史教育工作者交流最佳实践。通过这些方式，教师可以不断增强自己的教学效果，为学生提供高质量的历史教育，使学生更好地理解和应对现代世界的挑战。

二、历史教学评价提高教师专业水平的途径

开展历史教学评价对于提高教师的专业水平具有重要作用，可以通过以下三条途径来实现。

（一）通过反馈促进自我提升

开展历史教学评价对于提高教师的专业水平具有重要作用，它通过为教师提供及时和具体的反馈信息，能够使教师深入了解自己的教学实践。这种评价系统可以细致地表明哪些教学策略在实际教学中有效、哪些可能需要调整或完全改变。例如，如果学生在某次历史测验中普遍表现不佳，这可能表明教师在某个重要历史概念的传授上没有达到预期的教学效果。教师可以利用这种反馈来重新调整教学方法，如引入更多互动式学习活动或者改变解

释历史事件的方式，使课堂教学更能吸引学生的注意力并提高他们的理解能力。评价结果不仅能帮助教师识别哪些内容学生掌握得好、哪些还需加强，还能促使教师思考如何更有效地设计课程，以覆盖历史学科的各个方面。又如，若发现学生在理解某个历史时期的经济因素时表现不佳，教师需要在未来的课程中增加更多关于经济历史的讨论和案例分析，或者采用更多的视觉辅助材料帮助学生形象地理解这些概念。通过具体的历史事件或某一时期的经济分析，学生可以更好地理解经济因素如何影响历史的发展。再如，教师可以引入工业革命期间的经济变革案例，讨论技术创新如何推动社会结构的变化以及这些变化如何影响了政治和文化领域。通过案例研究，学生不仅能够将经济概念与具体的历史事件联系起来，还能通过讨论和分析这些案例，加深对经济历史动因和影响的理解。

（二）进行专业发展和终身学习

历史教学评价在促进教师专业发展和终身学习方面有至关重要的作用。教师在参与设计和实施教学评价时，必须不断更新教学方法和内容，这要求他们不仅要掌握当前的教育标准和学生需求，还要跟上教育理论和历史学科的最新研究进展。

为了保持和提升教学的有效性，教师必须持续地进行专业发展和终身学习。这不仅是为了适应教育领域本身的快速变化，也是为了适应学生的需求和学科知识本身的发展和变化。具体途径如下。

1. 参加研讨会、工作坊和进修课程

研讨会和工作坊通常聚焦于特定的教学策略或教育创新，能够提供一个平台，让教师可以直接从某一领域专家那里学习最新的研究成果和教学方法。这些活动往往包括互动式的工作坊，使教师有机会实践新的教学方法，如角色扮演、小组讨论或模拟教学等形式。例如，在初中历史教学的工作坊中，教师可以去学习如何利用数字工具来创建互动的历史时间线，或如何整合虚拟现实（VR）技术来重现历史事件，让学生在仿真环境中"体验"历史。通过这种方式，教师能够更新自己的教学工具箱，还能够根据学生的反

馈和学习效果调整教学策略。

进修课程则更为系统，可能需要几周到几个月的时间深入探讨某一教学领域或者学科知识，教师在这些课程中能够系统地学习教育理论、课程设计、评估方法等。这些课程包括作业和项目，要求教师将所学知识应用于实际教学中。这种深入学习的机会能使教师全面提升自己的专业能力，从而更有效地支持学生的学习和发展。

2.定期阅读教育和历史领域的最新学术作品

除了参加各种专业发展活动，定期阅读教育和历史领域的最新学术作品也是教师专业发展的一个重要组成部分。通过阅读最新的研究论文、书籍和期刊，教师可以跟踪教育理论和实践的最新发展，了解全球同行在处理类似教学挑战时的策略和成功经验。对于初中历史教师来说，了解如何在经济全球化背景下教授本国历史，或者如何处理历史记忆与历史事实之间的关系，都是非常宝贵的知识。这些阅读不仅可以帮助教师在理论上获得启发，还可以激发他们在教学实践中进行创新。

继续教育和专业发展不仅能够更新教师的知识库，还能帮助他们反思和改进教学实践。教师在参与工作坊和其他模拟活动的过程中可以实践新的教学方法，如翻转课堂、项目式学习或基于探究的学习，并观察这些方法在实际教学中的效果如何。这种实践经验不仅能够增强教师对这些方法的理解和掌握，还能帮助他们评估这些新策略在提高学生历史学习动机和成效方面的实际效果。持续的专业发展活动有助于教师构建一个支持性的职业网络，教师通过与其他教育工作者进行交流和合作，能够共同解决教学过程中遇到的问题，从而提高整体的教学质量。

（三）增强教学设计能力

教学设计能力是教师专业技能中极为关键的一部分，尤其在历史教学中，这种能力的重要性不容忽视。有效的教学评价要求教师不仅能够精确地衡量学生对历史知识和技能的掌握，还要能够创造性地设计课程，使教学课程既能满足教学目标，又能激发学生的学习兴趣和思考。因此，教师必须深入理解历史学科的内容，同时具备将这些内容转化为有效教学活动的能力。这不仅是关于知识的传授，更涉及如何使用不同的教学方法和评价策略来促进学生深层次的理解和批判性思维的发展。

在设计历史课程时，教师需要综合考虑多种因素，包括学生的先验知识、兴趣和学习风格以及历史材料的复杂性和教学资源的可用性。当涉及复杂的历史事件或时期时，教师需要巧妙地整合多种教学资源，包括文本资料、历史文献、视觉媒体（电影和纪录片）以及互动技术（在线论坛和虚拟现实），以此来构建一个多维度的学习环境。教师还需要根据课程的进展调整教学策略，确保所有学生都能在各自的学习路径上获得最大的支持和提升。

评价工具的设计同样需要教师具备创造力和前瞻性思维。传统的考试和测验虽然在某些情况下有效，但在历史教学中，多样化的评价方式往往能更好地衡量学生的综合能力。教师可以设计基于项目的评价，让学生通过研究项目探索特定的历史主题，这不仅能测试学生的研究和分析能力，还能评估他们的合作和沟通技能。通过对学生的历史写作进行评价，教师可以深入了解学生对历史论述的理解和表达能力，以及学生能否在历史写作中恰当地使用证据支撑自己的观点。这种类型的评价工具不仅能够促进学生能力的全面发展，还能促使教师不断地在教学设计上进行创新和改进。

这些复杂而细致的教学设计和评价方法的应用能够使教师不断提升自己的专业技能，更有效地应对教学中的挑战，同时为学生提供一个丰富和具有启发性的学习环境。这种不断追求教学和评价优化的过程有利于学生增强学习效果，是教师专业成长过程重要的一部分。

第三节　促进学习方式的转变

一、学习方式的内涵

（一）学习方式的概念

学习方式是一个多层次、多维度的概念，涉及学生在学习过程中展现的行为、情感、认知及社会化的参与方式。美国学者纽曼（P. M. Newman）将学习方式定义为学生在学习活动中的参与方式，不仅包括学生在行为上的参与（学生的实际行动和活动参与），还包括情感参与（学生对学习内容的兴趣和情感投入）以及认知参与（学生思考和理解新知识时的过程）。这种参与还扩展到社会化参与，反映了学生与同伴和教师之间在学习过程中的互动。

学习方式超越了简单的学习方法或技巧，它是学生在学习过程中表现的一种更加根本的行为和认知取向。学习方式体现了学习者在处理学习任务时的个人特色和持久倾向，是一种包括学习方法、策略及手段的综合体现，涵盖了学习态度和学习品质等更深层次的心理和性格特质。学习方式的形成和选择通常受个体的认知风格和心理倾向的影响，而有效的教学需要识别和适应不同学生的学习方式，以促进每个学生的快速进步。教师可以设计包含视觉、听觉和动觉元素的综合教学活动，以满足不同学习者的需求，从而提高教学的有效性和学习的深度。这种对学习方式的理解和应用不仅有助于增强学生的学习效果，也是教师专业发展的重要方面。

（二）学习方式的分类

学生的学习方式可以从以下四个不同的角度进行划分。

1.按照学习进行的方式划分

按照学习进行的方式划分，学习方式可分为接受学习和发现学习。接受学习和发现学习是教育领域中两种不同的学习方式，它们各自适用于不同的教学环境和学习目标，并在教学效果和学生参与度上具有显著差异。

（1）接受学习。接受学习是一种传统的教学方式，其中教师或教育资源，如教科书，负责提供明确的知识或概念，学生的任务是接收、记忆并理解这些信息。在这种学习方式中，教育内容往往被结构化地呈现，逐步引导学生从基础概念的学习转向更复杂的理论学习。例如，在传统的历史课堂上，教师可通过讲解和展示来介绍特定的历史事件或时期，学生则通过听讲和笔记来接收信息。

（2）发现学习。相比于接受学习，发现学习强调学生作为主动参与者在学习过程中的作用，鼓励学生通过探索和解决问题来自行获得知识。在发现学习中，教师不再是信息的唯一来源，而是指导者和协助者，他们通过设计问题情境、提供资源和工具，引导学生进行探索和思考。这种学习方式鼓励学生通过自我驱动的研究、实验和讨论来揭示和理解学习材料背后的原则和概念。例如，在探究驱动的历史课程中，教师可能会提出一个关于特定历史事件的开放式问题，如"法国大革命发生的主要原因是什么"，学生需要通过研究历史文献、分析不同历史学家的观点或通过角色扮演等活动，自行探索和构建答案，在这一过程中，学生不仅需要积极收集和评估信息，还需要学会如何将信息整合成有说服力的论证。

2. 按照组织形式划分

按照组织形式划分，学习方式可以划分为合作学习与独立学习。

（1）合作学习。合作学习是一种强调小组互助与共同完成学习任务的学习方式。在这种学习方式中，学生被分成小组，并在教师的指导下共同解决问题、完成项目或讨论课题。这种方法的核心在于，每位组员都能参与学习活动并对团队的最终成果负责。通过这种方式，学生不仅可以从同伴那里学习，还能通过教授别人加深自己对知识的理解。此外，合作学习还鼓励学生发展必要的社交技能，如沟通能力、团队协作能力和解决冲突的能力。在合作学习中，小组的构成和任务的性质至关重要。为了使学习效果最大化，教师需要精心设计小组的组成，确保每个小组都有多样化的技能，以促进彼此的学习和支持。任务设计应确保所有组员都有机会参与和贡献，避免出现"搭便车"现象。合作学习的成功还需要明确的目标设定和对学习过程的持续评估，以确保每个学生都能在活动中获得成长和提升。

（2）独立学习。独立学习是一种侧重学生个人努力和自主管理学习进程的学习方式。在独立学习中，学生需要自己设定学习目标、选择学习资源、规划学习时间并评估自己的学习成果。这种学习方式强调学生的自我驱动力和自我反思能力，要求学生具备较强的自我监控和自我调节能力。独立学习的优势在于它让学生能够根据自己的学习节奏和兴趣进行学习，更加灵活和具有个性化。例如，通过在线课程、图书馆资源和各种教育软件，学生可以深入探索他们感兴趣的特定领域或主题。

3. 按照学习者的控制程度划分

学习方式按照学习者对整个学习过程的控制程度划分为自主学习和他主学习。

（1）自主学习。自主学习强调学习者在学习过程中的积极主动性和控制权，是一种反映个体主体性、能动性和独立性的学习方式。在自主学习中，学生不仅是知识的接受者，更是学习活动的主导者。他们负责设定自己的学习目标、规划学习路径、选择合适的学习资源、实施学习策略并对学习成果进行自我评估。这种学习方式要求学生具备较强的自我管理能力和自我激励能力，能够在教师的指导和帮助下独立进行学习任务。

（2）他主学习。他主学习更多地反映了学习者的客体性、受动性和依赖性。在他主学习中，学习的大部分或全部控制权在教师或教育机构手中。学习者会遵循由他人设定的学习目标、课程计划和评估标准，较少参与学习决策的过程。这种模式在传统教育体系中比较常见，尤其是在那些强调标准化测试和统一课程的教育系统中。

4. 按照新旧知识相互作用的情况划分

学习方式按照新旧知识相互作用的情况划分为意义学习和机械学习。

（1）意义学习。意义学习是一种深层次的学习过程，它基于学习者对新知识的理解和对旧知识的整合。这种学习方式要求学习者主动构建知识框架，将新信息与已有的知识结构有效连接，从而产生新的意义和理解。意义学习的核心在于理解，而不仅仅是记忆，它鼓励学生深入探索课题，理解概念之间的关系及其背后的原理。例如，当一名学生学习某一时期的历史时，意义学习的方法不仅会要求他们记住日期、事件和人物，还会要求他们理解这些事件如何影响了世界的格局，这些变化是如何与之前的历史事件相互作用的以及这些历史事件对现代社会有什么样的影响和意义。学生需要通过阅读多种来源的材料、观看历史纪录片、参与课堂讨论或进行模拟活动等多种方式构建对这一历史时期的深入理解。

（2）机械学习。机械学习是一种较为表层的学习方式，通常涉及重复记忆和死记硬背。在机械学习中，学习者往往不能深入理解材料的内在含义，仅仅是将信息以孤立、碎片化的形式存储在记忆中。这种学习通常是被动的，依赖外部的强制和重复练习，而不是学习者内在的理解和兴趣。例如，在学习欧洲历史的过程中，机械学习可能只要求学生记忆关键的历史日期、重要人物和重大事件的名称，而不会涉及这些事件如何影响欧洲的政治、经济、文化和社会结构，学生需要通过重复阅读教科书中的时间线和事件列表、完成时间顺序排序的练习或使用记忆卡片等方式来记忆这些信息。

（三）现代学习方式的特征

转变学习方式从根本上来说，就是要从传统学习方式转向现代学习方式，但现代学习方式并不特指某一具体的方式或几种方式的总和。从本质上讲，现代学习方式是以弘扬人的主体性为宗旨，以促进人的可持续发展为目的，由许多具体方式构成的多维度且具有不同层次结构的开放系统。认识和把握现代学习方式的本质特征是创造性地引导和帮助学生进行主动的、富有个性的学习的重要保证。一般说来，现代学习方式具有以下四个特征。

1. 主动性

主动性是现代学习方式的核心特征，体现了学习者从被动接受知识到主动探索和构建知识的转变。这种转变不仅重塑了学习者的角色，还极大地影响了学习过程的效果和深度。

在传统的教育模式中，学习者通常处于被动状态，依赖课本内容和教师指导获取知识。而在主动学习中，学生能够发挥主体性，主动发现问题、寻找解决方案并探索新的知识领域。这种学习方式要求学生不仅能够接收信息，还能够通过问题解决、项目式工作、批判性思维和创造性活动等方式，对所学知识进行深入理解和应用。

主动学习的实现需要学生激发内在动机和培养自我驱动。当学生对学习内容产生直接兴趣时，他们对学习活动的参与不再是外部强加的任务，而是一种内在的需求和愉悦的体验。这种兴趣可能来自对学习主题的好奇、对技能掌握的渴望或对实现个人目标的追求。例如，一名对环境科学感兴趣的学生可能会主动进行相关领域的项目研究，参与社区的环保活动或自发组织校园内的环境保护宣讲，这些都是主动学习的体现。主动学习还强调学生对自己学习过程的控制和管理。学生需要学会设定自己的学习目标、制订学习计划、选择合适的学习策略并对学习成果进行自我评估。在这一过程中，教师的角色转变为指导者和支持者，而非单纯的知识传授者。教师需要提供必要的资源、工具和支持，帮助学生建立自主学习的框架。

2.独立性

独立性在现代教育中的重视程度不断提升，这一趋势反映了教育目标从传授知识向培养学生自主能力的转变。独立性的培养使学生在教师的初步指导后，能够通过自己的努力掌握学习技巧，解决学习中遇到的问题，并能对自己的学习过程和结果进行反思和评价。这一过程不仅增强了学生的自信心，还为他们未来在社会和职业环境中自行解决问题和持续学习奠定了基础。

独立性的培养需要教育者从多方面入手。教师需要提供一个支持性的学习环境，这个环境应鼓励学生探索未知，挑战已有的知识框架，并通过尝试和试错来学习。教师还可以设计开放式的问题，让学生自主寻找答案，而不是直接提供解决方案。教师应该鼓励学生提问，并提供必要的资源帮助学生自行找到问题的答案，这样学生在解决问题的过程中就能逐步培养独立解决问题的能力。

独立学习的培养需要逐步减少学生对教师的依赖，教师可以逐渐增加学生在项目中的责任、鼓励学生进行小组讨论并在讨论后自主完成相关任务。随着时间的推移，学生在完成这些任务时所需的外部帮助应逐渐减少，他们应能够更加自信地依靠自己的力量完成学习任务。独立学习能力的培养还意味着教育者需要改变传统的教学观念和方法，教师的角色应从知识的传递者转变为学习的促进者和指导者。在这一过程中，教师的直接教学时间会减少，但通过策略性地设置学习活动和环境，教师能够更有效地支持学生的自主学习。教师可以利用技术工具让学生在需要时能够自主访问学习材料和额外资源，如在线学习平台，从而在不直接依赖教师的情况下自行解决学习中遇到的难题。最终，当学生能够在学习中展现高度的独立性时，他们不仅能够掌握更多的知识，还能发展出解决复杂问题的能力，这对他们未来的教育和职业生涯都是宝贵的财富。因此，独立性的培养是现代教育中一个重要的方面。

3. 合作性

合作学习是一种教学策略，也是一种社会化的培养过程，能够帮助学生发展必要的人际交往能力和团队合作技能。在学习的过程中，合作学习能提高解决问题的效率，加深学生之间的相互理解和尊重，培养他们的社会责任感和群体归属感。

合作学习可以有效地提高学习效率。当学生在小组中工作时，他们需要交流思想、协调立场并共同制订解决方案。这种互动过程有助于巩固个人的理解，促使学生从不同的视角审视问题，从而获得更全面的知识理解。例如，在一个科学项目中，通过小组合作，学生可以分担研究任务，共同进行实验设计和数据分析，每个成员在合作的过程中都能够学习他人的技能和知识，同时贡献自己的专长，最终使学习效率和质量都得到显著提高。

合作学习通过共同努力实现学习目标，有助于培养学生的社会交往技能。在合作的过程中，学生必须学会倾听、表达、争辩及妥协，这些都是有效沟通的重要组成部分。通过这样的互动，学生不仅能够学会如何表达自己的观点，还能学会如何理解和尊重他人的意见。合作学习的环境还能鼓励学生发展批判性思维和创造性思维，因为他们需要评估不同的解决方案并共同决定最佳的行动方案。

4.问题性

问题性在现代教育中占据着核心地位，因为它是学习的催化剂，也是推动知识创新和深入思考的关键因素。通过将问题置于学习过程的中心，可以激发学生的好奇心和求知欲，从而促进学生对知识的深层次探索和理解。问题性的培养让学生在面对不确定性问题和挑战时能够积极寻求解决方案，而不是仅仅接受既有的答案。通过这种方式，学生不仅能够学习历史事实，还能学会将历史联系到现实世界的大问题上。

培养学生的问题意识是历史教学中的关键。问题意识不仅要能识别和解答已经提出的问题，还要能够自我生成问题，这是一种主动寻求知识的态度。例如，当学生研究"美国独立战争"的经济后果时，他们可以进一步探究这些经济变化如何影响了美国的社会结构和后续政策制定。这种探究使学生不再停留在表面的历史事件描述上，而是深入造成这些事件的根本原因和它们所产生的长远后果。

历史学习中的问题性具有动态性。随着学生对历史知识的深入，他们对问题的理解和提问将变得更加复杂和深刻。例如，初学者可能会问"第二次世界大战是如何爆发的？"，而更高级的学习者可能会探讨"第二次世界大战中的国际联盟是如何影响战后国际关系的演变的？"，这种从简单到复杂的问题演进不仅反映了学生认知层次的提升，还反映了他们分析和批判性思维能力的增强。问题性学习方式使历史学习不再是简单的记忆练习，而是变成一种探索和发现的过程。这个过程能够鼓励学生探究历史深层次的意义，理解历史如何塑造人们的现在和未来，同时培养学生作为未来社会成员的批判性思维和解决问题的能力。

二、转变学习方式的意义

转变学习方式的意义深远且具有多个层次，能够满足现代教育的需求，是适应当今快速变化的社会的必要措施。

（一）培养关键技能

随着社会和技术的发展，21 世纪的学生需要掌握诸如批判性思维、创新能力、解决问题的技能以及有效沟通和团队合作的能力。传统的以记忆和重复为基础的学习方式难以全面培养这些技能。转变学习方式可以更有效地培养学生的这些关键技能，如采用项目基础学习、探究学习和合作学习等。

（二）增强学习的相关性和实用性

将学习内容与现实世界的问题和场景相连接，可以增强学习的相关性和实用性。通过体验性学习和问题解决导向的学习方法，学生不仅能够学习理论知识，还能了解这些知识如何应用于实际问题。这种学习方式使学生更能理解学习内容的实际意义，增强他们的学习主动性和学习效果。

（三）适应个体差异

每个学生的学习能力、兴趣和背景都有所不同。传统的一致化教学方法有时可能忽视了这些差异，不能满足所有学生的学习需求。转变学习方式，强调个性化和差异化教学，可以更好地满足每位学生的个别需求，通过适应不同的学习风格和能力，提供更加公平和有效的教育机会。

（四）促进终身学习

在知识经济和快速变化的社会中，终身学习成为个人发展和职业成功的关键。转变学习方式强调学习者的主动性和自主性，有助于学生养成自我驱动的学习习惯。学习者通过掌握如何学习，而不是仅学习某个具体内容，为未来不断学习和适应新情况打下坚实基础。

三、历史教学评价促进学习方式转变的途径

历史教学评价作为教育过程的一个重要环节，能够评估学生的学习成果，促进学习方式的转变。合理设计的评价系统可以激励学生探索历史的多维性，提高他们的批判性思维能力，并促进其更深层次的理解和思考。

（一）强调过程而非结果

在现代教育中，特别是在历史教学领域，强调学习过程而非仅仅关注结

果的评价方式越来越受到重视。这种评价方式更加全面地反映了学生的学习深度和能力，不再局限于传统的知识记忆评估，而是涵盖了学生的批判性思维、信息处理能力以及沟通与表达能力。

1. 信息获取与处理

在初中阶段的历史教学中，信息获取与处理是学习的基本技能之一。教师可以通过设计特定的任务，使学生通过访问图书馆的档案资源、在线数据库以及其他可靠的历史资源收集资料，如要求学生从多种历史文献中收集关于某一历史事件的信息。在这一过程中，教师不仅可以评估学生选择合适信息源的能力，还可以观察他们如何评价信息的可靠性和相关性。例如，学生可能需要比较来自不同国家的历史描述，分析这些描述之间的差异及其原因，如英国和美国对于独立战争的不同视角。这种分析能力的培养是评价中的重要部分，使学生能够收集信息，批判性地处理和分析信息。

2. 组织和解释历史材料

组织和解释历史材料是历史学习的核心技能，教师可以通过学生的研究论文、项目报告或口头报告评价这一能力。这些任务要求学生整合他们收集的信息，在合理的历史框架中进行解释。例如，学生可能被要求写一篇关于"工业革命对现代社会影响"的论文，在这篇论文中，学生需要展示他们如何将收集的信息，如技术进步、社会变迁和经济发展等方面，进行逻辑上的组织，并提出自己的观点和解释。通过这种形式的评价，教师可以看到学生在历史解释中能否展示出对因果关系的理解、能否连接不同历史时期的发展脉络以及能否在较大的历史背景下进行分析。

3. 表达和沟通

历史学习的另一个重要方面是表达和沟通能力的培养。在历史教学中，教师可以通过学生的课堂讨论、小组展示和公开演讲等形式来评价学生的这一能力。例如，教师可以组织一个关于"冷战影响"的小组讨论，要求每个小组从不同的角度分析冷战对全球政治、经济以及文化的影响。学生需要在小组内部合作，整合各自的研究，然后向全班展示他们的发现。这不仅是对学生研究和合作能力的一个考验，更是一个测试他们如何向同伴和教师清晰、有效地传达自己观点的机会。在这类活动中，教师可以观察学生能否结构化地表达自己的思路，能否使用恰当的历史术语和证据支持自己的论点以及在公开场合表达时的自信心和说服力；学生在讨论冷战的文化影响时，可能会引用特定的文学作品、电影或艺术作品来支持他们的论点，展示如何通过具体例子使抽象的历史影响具体化和形象化。

（二）促进反思和自我改进

在历史教学中，评价是衡量学生知识掌握程度的工具，也是推动学生深度学习和个性化发展的重要途径。通过促进反思和自我改进，历史教学评价可以引导学生转变学习方式。

1. 定期和多维度的反馈机制

在初中阶段的历史教学中，教师可以通过定期的考试、作业和课堂成绩等多种方式收集学生的学习数据，并提供及时、具体的反馈。这种反馈不仅要有简单的成绩评定，还应包含对学生历史分析能力、批判性思维、资料整合能力等方面的具体评价。例如，对于一次"关于第一次世界大战原因的论述"作业，教师可以反馈学生在识别主要原因和次要原因上的逻辑清晰度、在使用历史证据上的准确性及其论证的说服力等方面的问题。这种深入的反馈能够指出学生的不足，还能通过具体例子指导学生如何在未来的学习中改进。

2. 引导学生进行自我评价

教师应鼓励学生进行自我评价，让学生学会从自身的学习过程和结果中发现问题和成长点。引导学生进行自我评价可以通过建立一个包含自我检查清单的评价系统来实现，其中清单应涵盖历史事实的准确性、论据的有效性、思考的深度等。通过这种方式，学生在每次学习活动后自我反思，识别自己在哪些方面做得好、哪些方面需要改进。例如，学生在准备一次历史演讲后，能够通过自我评价检查表评估自己的研究深度和表达清晰度，从而在下一次活动中有针对性地提高。

（三）鼓励探索和创新

在历史教学中，鼓励学生跨越学科界限进行探索和创新，可以大大拓宽他们的视野并加深对历史事件影响力的理解。

1. 促进跨学科的课题研究

历史教育的评价体系应鼓励学生将历史与其他学科相结合，探索它们之间的联系。教师可以设计一个评价项目，要求学生探讨历史事件对现代科技的影响。这样的项目不仅能够考查学生的历史知识，还能评价他们将这些知识应用于解决复杂的现实问题的能力。通过这种方式，学生能够在研究和解决问题的过程中发展其批判性思维和创新能力。例如，教师可以设计一个项目，要求学生研究工业革命时期的技术创新如何影响今天的工业自动化，这样的项目使学生不仅要学习历史知识，还要了解现代工程和技术原理。

2. 激励创新的表现形式

在传统的历史评价中，学生常常通过书面考试或论文展示他们的学习成果。为了鼓励创新，教师可以引入多样化的表达方式，如多媒体演示、角色扮演、辩论会等。这些活动能让学生在表达自己对历史的理解时更加自由和具有创造性，还能更好地评估学生对历史知识的深度理解和应用能力。例如，学生可以制作一个视频文档，通过现代视角重新解读某个历史事件，或者通过模拟会议来讨论外国某个历史时期的政策决策过程，这种评价方式能够有效地激发学生的创造力和探索精神。

3. 反馈机制的创新运用

教师在提供反馈时，应当鼓励学生不断尝试新的学习方法和思考方式。教师可以安排小组讨论的方式让学生分享彼此的研究成果，并提供彼此的建设性反馈。这种互动式的反馈过程不仅能帮助学生从不同的视角看问题，还能激发他们的探索兴趣和创新思维。教师还可以利用技术工具，如在线论坛或微博，让学生在一个更开放的环境中展示自己的工作成果，并接受更广泛的评价。这种方式可以促使学生在接受多样化观点的同时，更加主动地改进和创新自己的学习方法和研究。

第四节　实现"教—学—评"一体化

《义务教育历史课程标准（2022年版）》提出，历史课程评价应将评价融入教学设计，实现"教—学—评"一体化，发挥评价促进学习和改进教学的功能。"教—学—评"一体化已成为初中历史教学评价的重要意义追求。

一、"教—学—评"一体化的内涵

（一）什么是一体化

一体化是一个多领域的概念，广泛应用于经济、政治、社会和技术等多个领域，其基本含义是将原本分散或相对独立的部分合并为一个统一的整体，以提高效率、增强功能或实现更加协调的发展。一体化通常涉及复杂的过程和多方面的调整，它需要在保持独立性和实现整合之间找到平衡。在实践中，一体化的程度和深入性可以根据具体目标和条件而有所不同。

（二）什么是"教—学—评"一体化

"教—学—评"一体化是一个综合性的教学理念，强调在课程设计、教学实施和学习评价中实现一致性和协同性。这一概念基于对教育质量全面提高的需求，旨在通过整合教学的各个方面，确保教学活动能够有效地支持学生的全面发展和核心素养的培养。"教—学—评"一体化的实施需要教师具备高度的教学设计能力和灵活的教学实施能力，同时要求学生能够积极参与这一过程。这种教学模式的成功实施能够显著提高教学质量和学生的学习效率。

在"教—学—评"一体化的框架中，教师需要根据课程标准来设计教学活动，这些标准不仅定义了教学的内容，还明确了教学的目标和预期的学习成果。这种设计方法要求教师在教学前就要细致地规划教什么（教学内容）、怎么教（教学方法）和为什么而教（教学目的）。教学内容的选择应直接对应希望学生达到的学习成果，教学方法则应促进学生对这些内容的理解和掌握。通过这种方式，教学活动不再只是简单的知识传递，而是成为一种全面发展学生能力的过程。"教—学—评"一体化理念强调，在教学过程中，持续的评价是十分重要的组成部分。这种评价是对学生学习成果的检测，也是教学调整的依据。教师需要通过观察学生的学习行为、分析学生的作业和测试结果评估学生是否实现了学习目标。这样的评价机制帮助教师及时调整教学策略。例如，如果发现学生在某个知识点上有困难，教师可以增加相关的教学内容或调整教学方法。这种评价的过程能够帮助学生明确自己的学习进度，还能促进教师的教学反思，进一步提高教学的针对性和有效性。

（三）"教—学—评"一体化的特点

1. 教学过程衔接紧密

在现代教育理念中，"教—学—评"一体化强调教学目标、学习过程和评估手段的紧密结合，旨在通过教学活动的有机衔接，提高教学的整体效率和教育的质量。这一教学模式基于对教育活动整体性、系统性和协调性的深入理解，通过实现各个环节之间的内在联系，促进学生的全面发展。

"教—学—评"一体化要求教学设计从整体出发，确保教学目标、学习活动和评价标准之间的一致性和连贯性。教师在设计课程时，须明确教学目标，这些目标应当根据学生的实际需要和学科核心素养要求来设定。设计时，教师需要选择与这些目标一致的教材和教学资源，保证教学内容的针对性和实用性。教学方法的选择也应该与教学目标和学生的实际情况紧密相关。教师可以采用适合学生认知水平和兴趣的方法，如项目式学习、探究学习或合作学习，以激发学生的学习动机和参与度。

在"教—学—评"一体化的框架下，学习过程的管理成为增强教学效果的关键。教师不仅要在课堂上进行有效的教学，还需要通过作业、小组讨论和其他学习活动来延伸学习的广度。学习过程的管理应包括对学生学习态度和行为的观察以及对学习环境的优化。教师应创建一个支持性强、互动性高的学习环境，鼓励学生积极提问和参与，使学生在实际操作中深化对知识的理解和应用。在"教—学—评"一体化中，评价不仅是学习过程的结束，还是新一轮教学活动的起点。教师应采用多样化的评价方法，如自评、同伴评价、项目评价等，确保评价方式能全面、客观地反映学生的知识掌握、技能运用和情感态度。评价结果应用于课堂教学的调整和优化，帮助教师识别教学中的不足，同时为学生提供反馈，指导他们如何改进学习策略和方法。

2. 注重评价方式的设计选择

在"教—学—评"一体化的教育模式中，评价方式的设计是实现教学目标与学生学习成果一体化的关键环节。这种设计不仅需要与教学内容和目标相匹配，还应考虑到评价的多元性和全面性，以确保学生在知识、技能、情感及价值观方面的均衡发展。

在历史学科中，评价学生的学习成果不应局限于知识和技能的掌握，而是应涵盖学生对历史的深层感悟和价值理解。因此，评价方式需设计得更为多样化，包括传统的书面考试、作业评估以及小组讨论、演讲和项目展示等互动形式。这些多样的评价形式能够从不同角度和层面评估学生的历史理解，如通过小组讨论评价学生对历史事件的分析能力和批判性思维、通过项目展示评价学生的研究能力和创新思维。这种全面的评价方式有助于教师全面了解学生的学习状态，从而更有效地指导学生的历史学习和思维发展。教师在设计评价方式时，必须确保这些方式能够有效地衡量教学目标的实现情况，这意味着评价工具和方法必须与教学目标紧密对应，能够准确反映学生在达成这些目标过程中的表现水平。例如，如果教学目标包括提高学生的历史批判性思维能力，那么评价方式需要包括分析性写作任务或批判性讨论。教师应采用形成性评价和总结性评价相结合，前者能够帮助学生在学习过程中及时了解自己的进步和存在的问题，后者能够在学习阶段结束时评估学生的总体学习成果。

3. 注重教学效果

"教—学—评"一体化关注知识的传授，注重学生学习兴趣的激发与情感体验的丰富，最终增强教学效果。在"教—学—评"一体化的框架下，教学内容的选择和设计应与教学目标紧密相关，确保学生能够通过具体的学习活动达到预期的学习目标。教师需要在教学过程中精确地匹配教学资源和学生的实际需求，通过合理安排课堂讲解、讨论、实践活动等多样化教学方法，使学生在多方面获得知识和技能的提升。在初中阶段的历史教学中，教师可以通过案例分析、角色扮演或历史现场模拟等教学活动，使学生在实践中深刻理解历史事件的复杂性和多维性。

"教—学—评"一体化强调引导学生在学习过程中的主动参与，提高情感体验。教师应创设一个开放和互动的学习环境，鼓励学生表达自己的看法、主动探究问题，并通过小组合作、讨论等形式提高学生的学习动力和参与度。在这一过程中，教师应关注学生的情感态度和价值观的培养，通过与学生的情感共鸣和价值引导，使学习内容不再局限于知识的传递，而是成为学生个人成长和价值形成的一部分。

二、实现"教—学—评"一体化的意义

（一）落实新课标要求

在初中历史教学中，实现"教—学—评"一体化的意义重大。通过实施"教—学—评"一体化，初中阶段的历史教学不仅能够更有效地传授知识，还能深化学生的理解，培养他们的历史思维及其他关键的核心素养，实现教育的长远目标。这种教学模式的实施有助于构建一个支持性和挑战性兼备的学习环境，使历史学习不再是简单的事实记忆，而是成为一种能力和思维的培养过程。

"教—学—评"一体化要求教学目标、学习过程和评价方法之间保持较高的一致性。在历史教学中，这种一致性确保了教学活动不仅能够传授历史知识，还能培养学生的核心素养。虽然历史课要求学生记忆历史事实，但更重视他们的批判性思维、历史思维和理解历史的多元视角的能力。通过一体化的评价方式，如项目作业、历史场景模拟等，教师可以更精确地测量学生是否实现了这些综合能力的教学目标，同时鼓励学生将所学知识应用于实际情境中。

"教—学—评"一体化通过形成性评价的常规运用，提高了学生在学习

过程中的主动性和参与度。形成性评价（自我评估、同伴评价和教师的及时反馈）不仅能够帮助学生及时了解自己的学习进度和存在的问题，还能提高他们在学习中的主动性。在历史学科中，学生可以通过参与设计评价的标准和工具，成为学习过程的共同设计者。这种参与感和控制感能够显著提高学生对学习内容的兴趣和投入。"教—学—评"一体化通过系统地融合教学和评价，有助于教师更全面地把握教学效果，及时调整教学策略。在历史教学中，教师可以根据学生在形成性评价中的表现水平，调整教学内容和方法，以更好地满足学生的学习需求。这种一体化的实践还能促使教师进行持续的专业发展，通过反思自己的教学实践，不断提升教学技巧和教学策略。

（二）体现学生主体地位

实现"教—学—评"一体化的教学模式对于体现学生主体地位具有重要意义。这种模式改变了传统教育中以教师为中心的教学观念，促进了学生在学习过程中的主动参与和自我驱动，从而使学生从教育的被动接受者转变为主动参与者。这种教学模式通过提高学生在学习过程中的参与度和控制力，增强了学生的学习动力和效果，促进了学生全面能力的发展。

在"教—学—评"一体化的教学实践中，学生可以参与教学内容和活动的选择与设计。在历史教学中，教师可以邀请学生共同决定研究的主题或时期，引导学生根据自己的兴趣选择研究项目。例如，如果学生对工业革命特别感兴趣，教师可以指导学生进行深入探究，从而设计相关的学习项目。学生在这个过程中不仅要收集资料、分析信息，还需要参与制定项目的评价标准。这种做法使学生能够根据自己的兴趣和学习风格来定制学习路径，显著提升了学习的相关性和动机。在"教—学—评"一体化中，学生的主体地位也通过参与评价过程得以体现。传统的评价方式通常由教师单方面执行，而在一体化教学中，学生可以参与自我评价和同伴评价。例如，在一个历史论文写作任务中，学生不仅要完成自己的论文，还需要对同伴的论文进行评价，并给出建设性的反馈。除此之外，学生还需要进行自我反思，评价自己的研究过程和写作效果。这种评价方式不仅能帮助学生理解评价标准，还能培养他们的批判性思维和自我反思能力，提高学习的主体性。

学生的主体地位还表现在他们能够通过反馈影响教学的调整。在"教—学—评"一体化的框架下，教师会定期收集学生的反馈，了解学生对教学方法、教学内容和学习环境的看法。例如，如果多数学生反映通过视频和小组讨论能更好地理解复杂的历史事件，教师可以相应地调整教学策略，增加更多的多媒体教学和协作学习的机会。这种基于学生反馈的教学调整过程不仅能够提高教学的适应性，还能让学生感受到自己在教育过程中的影响力和价值。

（三）提高课堂教学效率

在历史学科的教学中，通过"教—学—评"一体化来提高课堂教学效率的意义非常显著。这种一体化方法不仅简化了教学过程，还通过提升学生对历史内容的理解和兴趣，有效地提高了他们的学习动力和参与度。

"教—学—评"一体化强调利用多样化的教学资源和方法来激发学生的学习兴趣和动机。在历史教学中，教师可以运用多媒体教学工具、互动式技术，如 VR 历史场景体验以及传统的讲授与讨论相结合的方法，使学生能够从不同角度和维度深入理解历史事件和人物。例如，通过模拟历史事件的角色扮演活动，学生能更生动地感受历史，还能在实践中培养批判性思维和解决问题的能力。这种教学多样性丰富了学习内容，提高了学生吸收和理解历史知识的效率。

"教—学—评"一体化要求教师在设计教学活动时，充分考虑学生的先前知识、兴趣和学习风格，以确保教学内容对学生具有吸引力并且易于理解。在历史学科中，教师可以利用多种教学工具和方法，使抽象的历史事件和概念具象化，增强学生的学习动机和参与感，如互动白板、数字化时间轴、历史角色扮演游戏等。通过将这些教学策略与学生的实际需求相结合，使教学内容能更加生动有趣，更容易被学生接受和理解，从而提高课堂教学的效率。

三、历史教学评价促进"教—学—评"一体化实现的途径

（一）增强评价意识，更新评价理念

在初中阶段的历史教学中，增强评价意识和更新评价理念是实现"教—

学—评"一体化的关键途径，有助于提高教学质量，还能更好地促进学生核心素养的发展。

在初中阶段的历史教学中，传统的评价观念往往将重点放在通过考试成绩来衡量学生的学习成果上，这种方式虽然直接，却忽略了评价对学生长远学习和核心素养发展的促进作用。随着新课程标准的实施，更多的教育者开始认识到，评价不应只关注学生的知识掌握，还应关注学生如何达到教学目标。因此，增强评价意识和更新评价理念成为实现"教—学—评"一体化的重要策略。这种新的评价理念要求教师从简单的成绩评定转变为评估学生的学习过程、思维方式和核心素养的发展。

为了适应这一变化，学校和教师需要共同努力。学校可以建立合理的评价制度，减少对教师的非教学评价负担，使教师能够将更多精力投入教学内容和方法的改进。此外，学校还应鼓励教师探索符合历史学科特点的"教—学—评"一体化模式，如将学生在课堂上的状态、学习态度以及他们对历史思维的运用纳入评价体系中。教师自身也需要积极更新评价理念，将课前准备、课中互动和课后反馈整合为一个连贯的评价流程，确保评价不但能反映学生的学习成果，还能促进学生的积极参与和反思。通过这种方式，评价将不再是教学过程的终点，而是一个贯穿教学始终、促进学生持续进步的动力源泉。这些措施可以满足新课程标准的详细要求，还可以满足学生对历史学习的具体需求。

（二）参照课程标准，设定评价目标

在实现历史教学"教—学—评"一体化的过程中，教学评价起着至关重要的作用，它不仅是衡量学生学习成效的工具，也是引导教学方向和改进教学方法的重要手段。一个有效的教学评价体系能够帮助教师更好地实现教学目标，同时促进学生核心素养的发展。

教学评价应当参照课程标准来制定，因为这些标准详细阐述了历史教学所要达成的理想目标和实施方案。课程标准包括对学科知识的掌握，重视学生的历史思维能力、批判性分析能力以及对历史事件的深层次理解。因此，教学评价应当超越传统的知识掌握测试，向更加全面地评估学生在这些核心素养方面的表现发展。教师可以通过项目式学习的成果展示、历史文献分析报告或模拟历史事件的角色扮演，评价学生的历史思维和应用能力。

教学评价应该是一个动态的、持续的过程，而不仅仅是课程结束时的总结性评价，这意味着教师需要在整个教学过程中不断地进行形成性评价。这种评价方式可以帮助教师及时了解学生在学习过程中的进展以及学生在理解和应用历史知识方面遇到的具体问题。这样的实时反馈使教师能够及时调整教学策略，更有效地支持学生的学习。学生也应积极参与学习过程，通过自我评估和同伴评估来加深对自己学习状态的认识和理解。

教学评价的设计应当考虑学生的个体差异。不同的学生在历史学习上有不同的兴趣和能力，因此教师在设计评价时应当提供多样化的评价方法，以满足不同学生的需求。例如，对于那些表现出高度历史分析能力的学生，教师可以设置更具挑战性的研究型评价任务；而对于需要更多指导的学生，教师可以通过更多的引导性问题和结构化活动帮助他们逐步达成学习目标。预设弥补策略对于那些未能达到教学目标的学生同样重要，教师需要为这部分学生提供后续的辅导和支持，确保每个学生都能在历史学习中取得进步。这种综合、多元和持续的教学评价实践，不仅能有效提高教师的教学效率，还能促进教师和学生对历史学科更深入地理解和探索，实现真正意义上的"教—学—评"一体化。

（三）根据评价任务，设计教学活动

在初中阶段的历史教学中，紧密结合评价任务设计和实施教学活动是提高教学效率和确保教学质量的有效策略。通过精心设定的评价任务，教师可以更准确地把握学生的学习进度和理解深度，同时促进学生核心素养的发展。有效的教学活动设计应以评价任务为导向，即在学习新内容之前和之后都要通过具体的评价活动来检查学生的学习状态。例如，教师可以在引入新知识之前通过提问来检测学生是否复习了先前的内容，了解他们是否具备学习新内容的基础知识。这样的评价可以帮助教师识别学生在知识储备上的不足，并进行必要的补救措施。在学习新内容后，教师应通过设计问题让学生应用所学的新知识来解决具体问题，这样可以测试学生的知识掌握情况，还

能提高他们的实际应用能力。

　　教师应从整体课程设计的角度出发，将课前、课中、课后的评价活动进行整合，形成连贯的评价链，包括将教师评价、学生自评及同伴评价结合起来，以丰富评价的形式和内容。这种评价的全面性能帮助教师全方位地把握学生的学习效果，也能促使学生从多个角度反思自己的学习过程，提高他们的学习动力和自我调整能力。

　　教师还应具体分析评价任务的设定和教学活动的设计，确保评价任务的设定在教学计划的最初阶段进行。这要求教师在正式开展课堂教学之前，根据课程标准和教学目标来设计评价任务。这种策略保证了教学活动的每一环节都紧密围绕评价任务展开，确保这些活动不仅是必要的，还能直接服务于教学目标的达成。教师可以在授课前设定具体的评价标准和方法，这些标准和方法应直接反映学生对历史核心素养的掌握程度。通过这种方式，评价可以指导教学活动的设计，为学生提供明确的学习方向。

（四）依据评价任务，检验目标达成

　　在历史教学中，确保评价任务和教学目标的一致性至关重要，这有助于检测学生的学习成效，也是提高教学质量的关键。依据评价任务来检验目标达成是"教—学—评"一体化实现的核心步骤，涉及对学生和教师双方目标达成度的全面评估。

　　评价任务的设计应紧密围绕教学目标，这需要教师在课程开始前就明确设定并与学生共享。这样做的目的是确保每个学习活动都能达成这些目标。在实施过程中，教师应通过多元化的评价方法检测学生对知识的掌握和核心能力的培养，如历史分析、批判性思维以及解决问题的能力。具体来说，教师可以利用学生自评、互评以及教师评价等方式，来综合评估学生在不同维度上的表现水平。通过这些评价，教师可以准确把握学生在达成学习目标上的进展和遇到的困难，及时进行必要的教学调整。

　　教师自身的教学方法和评价策略也须接受评估。通过课堂反馈和学生的表现水平，教师能够评估自己的教学目标设计、教学活动设计是否有效以及评价任务是否恰当。这种自我反思的过程对教师而言是至关重要的，它不仅

有助于教师从经验中学习，还能促使他们修正和优化教学策略，以更好地支持学生的学习和发展。通过这样的系统评估和连续反思，教师可以确保教学设计和评价活动能够真正促进学生的学习，并有效地推进"教—学—评"一体化的实践。这种教学模式鼓励学生积极参与历史学习的各个方面，同时让教师能够根据实际教学效果和学生反馈持续提高教学质量。这样的教学和评价方式更好地培养了学生用历史智慧解决实际问题的能力，实现教学与评价的完美融合。

在实现"教—学—评"一体化的过程中，教师要学会制作各种类型的评价量表来辅助开展历史教学评价工作，如课堂评价量表和小组活动评价量表。表3-1、表3-2是笔者在教授"辽宋夏金元时期的民族关系发展和社会变化"部分内容时，根据"宋元时期的科技与中外交通"的课程标准制作的相应的课堂评价量表和小组活动评价量表，以供参考。

表 3-1　课堂评价量表

学习目标	任务	评价内容	评价结果					
			自评			师评		
			优秀	良好	待提高	优秀	良好	待提高
学会阅读、理解教材，绘制三大科技的发明和应用的时间轴，了解三大科技的发明和应用的情况。体验科技发明，感受古人智慧	任务一：阅读课本，绘制时间轴，说出三大科技的发明的时间、人物和发展情况以及应用的领域；比较雕版印刷术和活字印刷术；制作指南针	能从课本上获取年代、人物、事件等关键信息，绘制成三大科技的发明和应用的时间轴						
		说出活字印刷术的创新点						
		说出中国古代科技领先世界、传播世界的情况						

学习目标	任务	评价内容	评价结果					
			自评			师评		
			优秀	良好	待提高	优秀	良好	待提高
通过对不同史料的解读，认识中国古代的重要发明对世界文明发展的贡献	任务二：小组合作，解读史料，探究中国的科技成就对西方产生的影响	认识中国古代的重要发明对世界文明发展的贡献						
通过宋元时期中外交通路线图和材料，知道宋元时期发达的交通概况；认识发达的中外交通对中外交流产生的影响	任务三：分析宋元交通路线图，知道宋元陆上、海上交通和对外贸易的情况；根据简图，认识发达的中外交通对中外交流产生的影响	说出宋元时期中外交通发达的具体表现						
		从不同角度说出驿站对元朝发展的作用						
		说出宋元时期海上交通和对外贸易的情况						
		说出发达的中外交通对中外交流产生的影响						
联系单元所学，概括宋元时期科技和交通发达的原因。通过了解宋元时期科技创新和对外交流，认识宋元时期繁荣的经济、文化在中国历史上的重要地位	任务四：回顾所学，进行总结	说出宋元时期科技和交通发达的原因						
		知道宋元时期社会变化和科技与交通发展之间的关系，知道科技与交通之间的关系。认识宋元时期在中国古代历史上的地位						

表 3-2 小组活动评价量表

评价内容	评价量规	评价结果		
		自评	互评	师评
小组协作能力	主动参与小组协作，积极性高　☆☆☆ 能参与小组协作，有一定积极性　☆☆ 有参与小组协作，积极性有待提高　☆			
获取信息的准确度	获取的信息准确，有概括性　☆☆☆ 获取信息较为准确，有一定概括性　☆☆ 能获取一定信息　☆			
结论与信息的匹配度	结论完全匹配信息　☆☆☆ 结论与信息匹配度较高　☆☆ 结论与信息有一定匹配度　☆			
合计	总计：_____颗星			
综合评价	21～27颗星：优秀；12～20颗星：良好；9～11颗星：合格；3～8颗星：待提高			

第四章

历史教学评价的框架支撑

第一节　历史教学评价的主体

在历史教学中顺利开展教学评价的关键之一是构建多元评价主体体系。这种体系能够确保评价的全面性和客观性，涉及评价主体包括教师、学生、家长以及学校的其他教育工作者。

一、教师

在历史教学中，教师作为评价主体的角色更为重要，其责任不仅包括教学内容的传递和课堂管理，还包括对学生学习成效的全面评估。这种评估对于确保学生能够达到教学目标、掌握必要的历史知识和技能发挥着决定性作用。

教师的评价工作对于教学过程的每一个环节都是十分重要的。教师是连接课程标准与学生实际表现水平的桥梁，因为他们通过日常观察和系统评估能够判断学生是否理解和吸收了课堂上讲授的内容，从而确保教学活动的有效性和教学策略的适当性。此外，教师的评价也是课程调整和教学改进的依据。通过评估学生的学习成果，教师可以发现教学方法的不足，调整教学计划，优化教学内容，从而更好地满足学生的学习需求。教师评价的实施具有很高的可行性，因为教师与学生的日常互动最为频繁，对学生的学习状态和需求有直接且深入的了解。教师可以通过多种方式收集评价数据，如观察学生在课堂上的状态、分析学生的作业和项目以及通过定期的测验和考试来评估学生的知识掌握情况。这些数据能够帮助教师构建一个多维度的评价视角，全面评估学生的学习进度和成效。

教师需要设定明确的评价标准，这些标准应与课程目标和学校的教育理念相符合。在实际教学中，教师通过持续地观察和记录，能够评估学生对历史事件、人物和概念的理解深度。例如，教师可以通过课堂提问来检验学生对特定历史事件的分析能力，通过小组讨论的表现水平来评价学生的合作和沟通技巧。教师可以利用现代教育技术来提高评价的效率和公正性，如电子成绩册、在线测验平台等工具不仅可以简化评分过程，还可以确保评价结果的准确性和客观性。通过这些工具，教师能够及时反馈学生的学习成果，与学生和家长进行有效沟通，共同促进学生的学术成长和个人发展。

二、学生

在历史教学评价体系中，学生扮演的角色极为关键。作为评价的接受者和参与者，学生的活跃参与不仅是评价成功的必要条件，也是评价过程的核心组成部分。这种参与极大地提高了学生的学习自主性、反思能力和历史理解能力。

学生的直接参与使评价过程更加民主和透明，有助于学生更好地理解学习目标及自己在学习过程中的位置。当学生理解评价的标准和目的时，他们就能主动地调整学习策略，以达到预期的学习效果。让学生参与评价过程还能提高他们的批判性思维和自我反思能力，这对于历史学科来说尤为重要，因为历史不仅仅是记忆事实，更重要的是分析事件、评价历史人物的行为以及理解历史发展的复杂性。

学生参与评价的可行性主要体现在学生能够直接参与自我评价和互评。通过自评，学生可以对自己的学习成果进行反思，了解自己在哪些领域做得好，在哪些领域还需要改进。互评则允许学生评价同伴的作业或项目，这帮助他们了解同龄人的思考方式，还可以通过评价他人的工作来深化对历史知识的理解和应用。这种评价方式的实施需要教师的引导和监督，确保评价的公正性和有效性。在历史教学中，学生需要参与一系列与评价相关的活动。这些活动包括但不限于参与制定评价标准、参与课堂讨论以表达自己对历史事件的看法、完成历史文献分析或项目任务后进行自我评估以及参与小组活动中的同伴评价。通过这些活动，学生能够获得关于自己学习进度的及时反馈，也能在评价过程中学习如何给予建设性的反馈。为了使这一过程有效，教师需要提供清晰的指导和恰当的评价工具，帮助学生学习如何公正地评价自己和他人的工作。

三、家长

在历史教学的评价体系中，家长的角色至关重要。他们不仅是学生学习过程的重要支持者，还在评价系统中起到桥梁的作用，连接着学校教育与家庭教育。家长的参与和反馈能够为教师提供宝贵的信息，有助于教师更好地理解学生的学习需求和家庭教育背景，从而更精确地调整教学策略。

家长的评价影响教育的成功，因为他们能够对学生的日常行为和学习态度进行直接观察和了解。在历史教学中，家长提供关于学生在家如何处理和响应历史学习任务的第一手资料，这些资料对于教师而言，是在课堂观察之外的重要补充。家长的反馈帮助教师了解学生的兴趣点、学习难题甚至是家庭对历史话题的看法和讨论，这些都是教师在制订教学计划时无法直接获取的信息。

从可行性角度考虑，家长作为评价主体的优势在于他们对学生的全面了解以及与学生的日常互动。家长通过检查家庭作业、观察学习态度、参与学校组织的家长会议等方式，积极参与学生的学习过程。此外，现代通信技术的发展使家长与教师之间的沟通更为便捷和频繁，家长可以通过电话、微信、学校管理系统或社交平台及时了解学生的学习进展和学校的教学动态，进而提供及时的反馈和建议。

家长在历史教学评价中的主要工作内容包括监督和支持学生的家庭作业、参与学校的家长教师会议、提供对教师教学方法和课程安排的反馈以及鼓励学生参与历史学习相关的课外活动。家长的这些活动不仅增强了家庭与学校之间的联系，也为学生创造了一个支持性的学习环境。通过这种参与，家长帮助教师识别和解决可能影响学生学习的问题，同时促进了学生学习历史的积极性和主动性。

四、其他教育工作者

在历史教学的评价体系中，除了教师、学生和家长，其他教育工作者也扮演着至关重要的角色，包括校长、学年主任、辅导员、实验室工作人员、图书馆工作人员、网站工作人员、研究性学习指导老师以及学科小论文或小制作的指导者等。这些人员的评价活动对于学校教育质量的监控和提高具有重要影响。

其他教育工作者在评价体系中的参与是确保教育质量全面性和多样性的重要因素。他们从不同的角度和职能出发，提供关于学生学习和发展的独特见解。例如，校长和学年主任通常关注学校的整体教育方针和课程实施情况，能够从宏观的角度进行评价和决策；实验室和图书馆工作人员从资源利用和研究支持的角度对学生的学术探究进行评价。这些多角度的评价帮助学校把握教育工作的全貌，确保学生得到全面发展。

其他教育工作者的评价活动的实施具有很高的可行性，他们在日常工作中与学生的学习和生活密切相关。通过常规的观察、交流和专业活动，他们能够收集关于学生日常状态的第一手资料。许多学校已经实施了综合评价系统，这些系统通常包括从各个部门收集的数据和反馈，使各部门的工作人员系统地参与学生评价。这种跨部门的合作提高了评价的客观性和公正性。在历史教学评价中，这些工作者的任务包括但不限于监测课程实施的效果、评估教学资源的利用情况、提供对教学方法和环境的建议以及参与教学改革的研讨和实施等。例如，研究型学习指导老师可以评价学生在历史项目研究中的表现水平和进展，提供必要的学术指导和反馈；学科小论文指导者则关注学生在撰写过程中的研究能力和论证深度。通过这些具体的评价活动，教育工作者帮助学生提升了学术和研究能力，促进了学校教学质量的整体提高。

第二节　历史教学评价的原则

一、科学性原则

在历史教学评价中，科学性原则是保证评价有效性和准确性的关键。这一原则强调教学评价的过程和方法必须基于科学的理论和实践，以确保评价结果的真实性和客观性。历史教学评价的科学性体现在三个方面，包括理论指导的科学性、技术手段的科学性以及实践操作的科学性。

（一）理论指导的科学性

科学性原则要求历史教学评价必须建立在坚实的理论基础之上，利用当代教育评价的先进理论指导评价活动的设计和实施。通过理论的指导，教师能够更全面地理解和评估学生的历史学习成效，不仅包括记忆历史事实的能力，还包括理解、分析和评价历史事件的深层能力。

（二）技术手段的科学性

科学性原则要求教学评价应运用先进的教育测评技术进行定性和定量分析，包括利用统计分析、问卷调查、观察记录等方法来收集和处理评价数据。这些技术手段可以帮助教师准确地测量学生的学习成就，揭示教学评价的一般规律及教学评价在不同教学环境下的特殊表现。通过科学的数据分析，教师更客观地评价学生的历史学习过程和结果，从而为教学决策提供依据。

（三）实践操作的科学性

在实践操作方面，科学性原则要求历史教学评价应以事实为基础，避免墨守成规，积极吸收和借鉴其他学科评价的优点，并勇于创新。这意味着教师在评价过程中应不断调整和优化评价策略，以满足学生的实际学习需要，适应教学环境的变化。例如，教师可以根据学生的反馈和学习成果，调整评价标准和方法，确保评价活动能够真实反映学生的学习状况，同时激发学生的学习动机和参与度。

二、方向性原则

方向性原则在历史教学评价中起到核心的引导作用，能够确保教学活动与国家教育方针及课程标准相一致，同时能够促进学生的全面和均衡发展。这一原则要求所有的教学评价活动必须基于国家颁布的教育方针、课程计划和教材，从而保证教学内容和评价方式的正确性和科学性。

（一）教育方针的指导

方向性原则强调教学评价应与国家的教育方针紧密相连，这意味着教学评价不仅仅是衡量学生学习成果的工具，更是实现教育目标的手段。国家教育方针通常涵盖了培养学生的德、智、体、美、劳等多方面的发展目标。在历史教学中，这一原则要求教师在评价过程中注重学生历史思维能力的培养、历史知识的应用以及对历史价值的理解和评价，确保学生能够在遵循正确历史观的基础上发展自身的综合素质。

（二）课程计划与课程标准的遵循

方向性原则要求教学评价必须依据国家正式审定的课程计划和课程标准来进行。课程标准提供了教学目标、教学内容和评价要求的详细指导，是制订教学计划和评价系统的基础。在历史教学中，按照课程标准进行教学评价可以确保教学活动既系统又全面，覆盖所有必要的知识点和能力培养，同时引导学生正确理解和分析历史事件，促进学生批判性和创造性思维的发展。

（三）教材的正确应用

1. 教材的权威性和科学性

国家审定的教材经过专家的严格筛选和审核，其内容不仅符合教育部的标准，还涵盖了历史学科的重要知识点和核心概念。这些教材通常围绕重大历史事件、重要历史人物及其影响进行组织，旨在通过系统的学习让学生建立完整的历史知识体系。因此，教师在进行教学评价时，必须确保教学内容与教材的一致性。这种一致性不仅有助于学生对知识的吸收和理解，还能保证学生所学知识的正确性和科学性。

2. 教材在教学评价中的作用

正确应用教材在教学评价中的作用体现在以下三个方面：第一，教材为教学提供了标准化的内容，使教师在评价学生时有具体的参照标准，更客观地评价学生的学习成果；第二，依托教材内容，教师可以设计各种评价方法，如标准化测试、论文写作、项目报告等，这些方法能够全面评估学生对教材知识的掌握程度和应用能力；第三，教材中的历史资料和案例也可以用于制作实际评价任务，如模拟历史事件、历史人物访谈等，这些活动不仅能让学生在实践中学习历史，还能使评价过程更加生动和有趣。

三、全面性原则

全面性原则在历史教学评价中确保了教育评价涵盖学生发展的各个方面。这一原则要求教育评价关注学生的认知成就，并广泛关注学生的情感、意志、社会技能和各类能力的发展。这种全面的评价方式更能满足现代教育的需求，有助于促进学生的全面发展。全面性原则的实施意味着在设计教学评价系统时，教育工作者必须确立多维度的评价目标，不应局限于学生在历史知识和技能上的表现水平，而是应包括对学生的历史思维方式、批判性思考、历史探究能力以及在现实生活中应用历史知识的能力的评估。此外，评价还应该关注学生的情感态度，如对历史的兴趣、对不同历史事件的情感反应以及对历史学习过程的态度和满意度等。

根据全面性原则，评价的信息来源应当广泛，不应局限于课堂内的学习活动。教师应当鼓励学生在多种学习环境（包括课外活动和社会实践）中收集自我发展的相关信息。这种做法有助于教师全面了解学生的能力和成长，还能激励学生主动参与自我发展的过程。全面性原则还强调评价主体的多样性。除了教师，学生、家长以及其他教育工作者也应参与评价过程。学生的自评和互评可以提高学生的自我意识和责任感，家长的反馈可以提供关于学生在家庭学习环境中的表现水平，其他教育工作者，如图书馆管理员或社区领导者则能发表关于学生参与社区活动的见解。

为了实施全面性原则，历史教学评价应将教学过程与评价过程整合在一起，使评价活动成为教学的一部分，而不仅仅是教学结束后的附加任务。这种整合可以在教学过程中及时提供反馈，还能对学生进行持续的诊断和激励，从而提高教学效率。为了最大限度地发挥评价的功能，教师需要设计多样化的评价工具，如自评表、互评活动、项目式学习的展示评价等，这些工具能够从多个角度收集学生的学习数据。

四、发展性原则

发展性原则强调评价活动应当超越对学生和教师当前表现水平的简单记录，致力于促进学生和教师长远的个人和专业发展。这一原则的核心在于将评价的焦点从仅衡量已知的学习成果转向支持未来的持续改进和成长，确保评价活动能回顾性地总结与前瞻性地指导。

发展性原则的实施对于学生而言意味着评价活动应当识别并培养每个学生的潜能，鼓励他们在自身已有的知识水平上取得进步。在历史教学中，这种评价不仅关注学生是否正确记忆历史事实，更重视他们能否通过批判性思考来分析历史事件、形成自己的见解，并将这些知识应用于实际情境中。这种发展性的评价使学生从历史学习中获得的不仅是知识的积累，还包括思维能力的提升和个人见解的形成。对于教师而言，发展性原则强调教师职业成长的重要性。通过评价，教师可以了解自己在教学实践中的优势和不足，从而指导他们进行必要的专业发展活动。教师通过反思自己的教学方法和学生的反馈，不断调整和优化课堂策略，最终提高教学效率。

在具体应用上，发展性原则要求教育工作者在设计评价工具和方法时，应关注对师生未来成长的支持能力。这需要设置具有挑战性的目标、鼓励学生设定个人发展计划以及通过持续且形式多样的反馈机制来支持这些计划的实施。在历史教学中，教师可以采用项目式学习、研究任务和反思性写作等多种教学和评价方法，激励学生探索更广泛的历史问题和主题，同时提供定期的反馈帮助学生在认知和情感上取得成长。发展性评价还应包括学生的自我评价和同伴评价，这两种评价方式能够培养学生的自主学习能力和自我反思能力，使他们能够在学习历史的过程中自觉寻找成长点，持续改进学习策略。

五、激励性原则

激励性原则在历史教学评价中强调通过评价活动激发学生的学习热情和主动探索的精神。这一原则体现了学习动机的重要性，以及积极的情感体验对于学生学习效果的促进作用，这是因为教师的评价方法和态度可以影响学生的学习激情和对历史学科的兴趣。

（一）激励性原则的理论基础

激励性原则认为，教学评价不仅是一个衡量和反馈的工具，更是一个激发学生内在动机和积极性的机制。这种评价方法侧重利用正向激励来提高学生的学习兴趣和参与度。例如，教师可以通过表扬学生在学习历史时表现出的创造性思考或深入分析，鼓励学生在面对复杂历史问题时展示独立性和批判性。这种正向反馈不仅能够提升学生的自信心，还能激励学生在学习中采取更积极的态度。

激励性原则的理论基础主要源于心理学中的动机理论，尤其是自我决定理论（self-determination theory）和期望—价值理论（expectancy-value theory）。自我决定理论强调外部激励（奖励、表扬）和内部激励（兴趣、满足感）都是推动个体行为的关键动力。在教育场景中，这意味着教师通过积极的评价反馈可以增强学生的内在动机，使学生为了学习本身的乐趣和挑战而学习，而不仅仅是为了获得好成绩或赢得教师的表扬。期望—价值理论则关注个体对成功的期望和他们对任务的价值感知如何影响其成就动机。在历史教学评价中，学生如果相信他们能够成功地掌握历史知识，并认为学习历史是有价值的（可能因其相关性、兴趣或实用性），他们就可能投入更多的努力和资源。因此，激励性原则通过正向反馈来增强学生的成功期望和对学习任务的价值感知，进而激发他们的学习动机。

实施激励性原则的重要性在于，它能帮助学生建立积极的自我效能感和对学习历史的积极态度。教师的认可和鼓励可以显著提高学生的自尊和自信，使他们更愿意在遇到学习困难时坚持下去。激励性评价支持学生发展成长心态，即相信自己的能力是可以通过努力和学习而改善的。这种心态是学生学习成功的关键，在面对学习历史这种信息密集和复杂分析的学科时尤为重要。

（二）激励性原则的实施方法

实施激励性原则，教师需要设计评价方式，使之成为学生学习历史的动力源泉，包括将评价整合进教学活动，使学生在参与讨论、项目和演示中获得成就感和满足感。教师应避免使用可能导致学生压力或负面情绪的评价方式，如过分严苛的批评或不公平的比较。相反，评价应着重于识别和表扬每个学生的进步和成功，无论是大是小。教师还可以通过设定可达成的短期目标，帮助学生体会到自己的成长，从而持续激励他们迈向更高的学习目标。

六、自评与他评相结合原则

在历史教学评价中，自评和他评相结合的原则扮演着关键角色，其目的在于通过多元反馈优化教学质量。此原则认为，教师和学生应参与评价标准的制定过程，并在教学实践中进行积极的自我评价，同时结合来自同伴、家长和其他教育工作者的外部评价。这种综合评价方式不仅有助于全面把握教学和学习的效果，还能促进教学方法和学习策略的持续改进。

自评允许教师和学生对自己的教学和学习进行反思，这是提高教学质量和学习成效的有效手段。对教师而言，自评意味着对教学方法、课堂管理及学生互动等方面进行系统的反思和评价。这种自我反省有助于教师识别和强化有效的教学策略，同时有助于教师发现并改进那些不足的地方。对学生而言，自评鼓励他们评估自己的学习进度和理解深度，这会提高学生的自我监控能力，还有助于培养学生自主学习的习惯。自评提供了内省的机会，他评则为教学和学习提供了外部视角，帮助教师和学生从他人的反馈中获益。在历史教学中，同伴评价、家长意见以及其他教育工作者的观点都是宝贵的资源，它们提供了不同于自评的反馈信息。例如，同伴评价帮助学生理解其他学生如何接收和处理相同的历史信息；家长的反馈则体现了学生在家庭学习环境中的表现情况；教师可以从同事和专业发展人员那里获得关于教学实践的批判性反馈，这些反馈是教师在自评中可能忽视的。

在实践中，结合自评和他评的原则要求创建一个开放和支持性的学习环境，教师和学生需要分享他们的反思和学习经验。这种环境提供了诚实和建设性的反馈，鼓励每个人承认自身的不足并寻求改进的方法。为了有效实施这一原则，学校应提供相应的支持结构，如定期的评价会议、工作坊和专业发展会议以及在线平台等，确保所有参与者都能在评价过程中发挥积极作用。通过将自评和他评相结合，历史教学评价能够更全面地评估教学效果和学生学习成果，为教师和学生提供持续改进和发展的机会。这种综合评价方式提高了教学质量，优化了学生的学习体验，使教学活动更加贴近教育的核心目标——促进每个学生的全面发展。

第三节　历史教学评价的方式

在教学评价的理论领域，评价方法与方式并没有明确的界限，有时人们会笼统地使用这两个概念。本节将在类型和方法的下位层面讨论初中阶段历史教学评价的运用方式，或者说在方法运用的手段和学生学习过程中有关学习项目上运用某些方法的层面上，讨论初中阶段历史教学的评价方式。

一、常见的历史教学评价方式

（一）量化评价

量化评价方法是一种在教育评价领域中常见的方法，它通过将教育现象转化为可测量的数据进行系统的分析和比较，从而得出评价对象的相关信息。这种方法依赖数值和统计技术，以确保评价的客观性和准确性，尽可能减少个人偏见和主观判断的影响。

1. 量化评价的流程

量化评价方法的核心在于将教学活动、学习成果或任何与教育相关的活动转化为数字表达，通常涉及以下六个步骤。

（1）提出问题。评价首先应该明确需要回答的具体问题。例如，一个量化评价的问题可能是"实施新教学法后，学生的历史成绩有何变化"？这一问题能够直接指明评价的目的和焦点。

（2）设定评价标准。在量化评价中，设定明确的评价标准是非常重要的一步。这些标准需要与所评价的教育目标紧密对应，如通过成绩提升的百分比来衡量教学方法的有效性。

（3）定义变量。量化评价需要将评价中的关键因素定义为可测量的变量。例如，如果要评价学生的历史成绩提升，那么成绩变化幅度就可以被定义为一个量化变量。

（4）抽样。为了确保数据的代表性和科学性，量化评价需要通过合理的抽样方法选取样本。在教育环境中，这涉及选择不同能力水平的学生、不同班级或不同学校。

（5）数据收集与分析。量化评价需要收集与定义的变量相关的数据，然后使用统计工具进行分析，包括计算平均值、方差、回归分析等，以检验假设或评估变量间的关系。

（6）得出结论。根据数据分析的结果，评价者能够得出关于评价问题的结论。这些结论需要能够回答最初提出的问题，并为决策提供依据。

2. 量化评价的优势

量化评价在教育评估中具有显著的优势，它提供的精确和客观的数据为教育决策和实践打下了坚实的基础。这种评价方法通过将教学和学习过程的定性因素转化为定量数据，使评价过程更加透明且易于操作，从而提高了整个评价体系的效率，其具体优势如下。

（1）具有精确性和客观性。量化评价将教育活动的多个方面简化为数字数据来提供精确的评估结果。这种方法依赖严格的数据收集和分析技术，从而减少了个人偏见和主观判断对评价结果的影响。例如，通过使用标准化测试来评价学生的学术成就，教师可以获得关于学生学习成效的具体数值，这些数值易于比较和理解。

（2）易于传达和应用。量化数据的清晰和简洁使评价结果易于理解且便于与教育利益相关者共享。数据的数字化表达形式允许评价者利用现代信息技术快速处理大量数据，支持复杂的统计分析，如趋势分析、预测建模等。这些分析可以帮助教育决策者识别教学中的问题区域，优化资源配置，从而设计更有效的教育干预措施。

（3）具有标准化和可比性。量化评价标准化的数据收集和分析过程使不同时间、地点或群体间的教育成果可以进行有效比较。例如，全国范围内的标准化考试成绩可以用来评估不同学校或地区教育计划的效果，为教育质量的地区差异提供量化的证据。这种比较还可以跨国界进行，从而评估不同国家教育系统的效率和效果。

3. 采用量化评价应注意的问题

在使用量化评价方法时，评价者需要考虑若干重要问题以确保评价结果的公正性和教育效果的全面性，具体应注意的问题如下。

（1）关注学生基础知识与基本技能的理解和掌握。量化评价应关注学生对基础知识和基本技能的理解与掌握程度，这是学习的基石。在历史教学中，量化评价需要关注学生对重要历史事实、概念、时间线以及历史人物的理解，确保他们掌握这些基础知识，对于他们解释更复杂的历史现象和进行批判性思考至关重要。教师可以通过设计涵盖这些基础元素的评价工具，如多项选择题、填空题和简答题检验学生的知识掌握情况。同时，教师可通过这些评价发现学生的薄弱环节，为后续的教学提供依据。

（2）评价结果的表述不再只是单纯的分数或等级。量化评价结果应超越单纯的分数或等级，涵盖对学生表现水平的具体说明和改进建议。这种详细的反馈帮助学生更好地了解自己的学习状态，明确自己在哪些方面做得好、在哪些方面还有提升的空间。在历史考试后，除了给出分数，教师还应提供具体的反馈，指出学生在解析某个历史事件时的优点和不足，以及如何改进他们的历史分析技能。

（3）杜绝繁难偏旧、机械式、死记硬背的考查。在设计量化评价时，教师应避免那些过于陈旧、复杂或只依赖死记硬背的考查方法。评价应鼓励学生的批判性思考和创造性表达，而不是简单地回忆信息。教师可以设计一些开放式的问题，让学生分析不同历史解释之间的差异，或评价特定历史事件的影响，而不仅仅是记住日期和事件。

（二）质性评价

1. 质性评价的定义

质性评价方法通过直接观察、详细描述和深入分析，全面体现了教育对象的多种特质。与侧重生成数值数据的量化评价不同，质性评价更注重对教学和学习过程中复杂、动态和多维的现象进行深刻的理解和解释。

质性评价侧重收集和分析非数值化的数据，如教师的教学行为、学生的互动过程以及学生对学习内容的反应和理解。这些数据通常通过观察、访谈、案例研究、日志、反思记录等方式获得，使评价者能够详细描述教育现象，捕捉那些量化方法可能忽略的细微差别和深层次的教育动态。质性评价不仅描述现象，还试图解释这些现象的原因、动机和背景。通过深入分析教育过程中的各种互动和影响因素，质性评价能够帮助教育者理解特定教育行为的意义和学生学习过程中的内在逻辑。

在实际应用中，质性评价方法可以极大地促进教育的个性化和差异化教学。在历史教学中，通过质性评价，教师可以捕捉学生对历史事件的个人见解、情感反应以及批判性思考的过程。这些信息对于教师来说是宝贵的，因为它们体现了学生对历史知识的深层理解，反映了学生的思维方式和学习态度。质性评价强调与学生进行深入的交流和理解，这有助于建立更加人性化和支持性的学习环境。通过持续的、有意义的对话，教师能更好地理解学生的需求，学生则能感受到自己被尊重，从而更积极地参与学习过程。

2. 质性评价的两种方法

（1）观察法。观察法质性涉及系统地观察和记录学生在日常学习和活动中的表现水平，以获得有关学生行为、技能和态度的信息。这种方法提供了直接和实时的数据，有助于教师对学生的学习过程进行全面的了解和评价。与传统的测试和问卷调查相比，观察法更加自然和灵活，能够捕捉学生在自然状态下的真实水平，从而避免标准化测试可能引入的应试倾向和压力。在实施观察法时，教师或评估者通常会使用预先设计的观察表格来记录重要的观察项。这些表格帮助评估者保持观察的系统性和一致性，确保收集的数据全面且具有可比性。观察记录通常会被整理并分析，以便在日后作为调整教学策略和提高教学质量的依据。

为了最大化观察法的效果，教师在实施前需采取一系列策略，以确保数据的准确性和可靠性，具体策略如下：第一，明确观察目标是基础步骤，包括确定具体的行为、学习活动或互动模式，并了解这些行为如何与教学目标和学习成果相联系；第二，使用预先设计好的结构化观察表或记录工具来系统地收集信息，这些工具应包含必要的项目和指标，保证数据的一致性和可靠性；第三，对所有观察者进行充分的培训，确保他们对观察的目的、方法和工具有深入的理解，这对于参与性观察尤为重要，因为观察者的主观性可能会影响数据质量；第四，观察应被视为一个动态过程，观察者需根据初步观察结果和经验不断反思和调整观察策略，这种适应性调整有助于更精确地捕捉和理解学生的学习过程及教师的教学策略。通过这些策略，观察法可以更有效地为教育评价和教学改进提供支持。

（2）调查法。调查法根据科学方法论和教育评价理论的指导，通过问卷、访谈、测验等方式系统地收集相关信息和数据。这种方法允许教育研究者和实践者从广泛的源头获得关于教育过程、效果以及其他相关变量的直接信息。调查法的应用范围广泛，不仅包括学术研究，还包括学校管理、教师发展、学生评估等多个领域。

调查法强调收集现实和具体的信息，通过设计科学的调查工具，如问卷和访谈指南，确保所收集的数据能精确反映被调查对象的实际情况。这种方法提供了关于教育现象的广泛信息，包括学生的学习态度、教师的教学风格以及教育政策的实际影响。因此，调查结果通常客观全面地诠释和评价教育活动，为决策者和实践者提供可靠的依据。由于调查通常在自然环境中进行，不涉及人为操控的实验条件，因此所得数据具有高度的真实性。这种在实际环境中直接获得的信息有助于体现教育现象背后的真实状况，使评价结果更贴近实际操作和实施效果。例如，通过学生和教师的直接反馈，评价者可以了解某种教学方法的实际效果及其受欢迎程度。

调查法的设计往往需要充分考虑样本的选择，以确保样本的代表性。通过随机抽样或分层抽样等科学方法，调查能够覆盖并反映不同群体的观点和经验，从而使结果具有普遍的适用性和可推广性。这种方法特别适用于大规模的教育评估，如评估全国或多个学校系统的教育改革效果。调查法的另一个显著特点是其灵活性，可以在不同的时间和地点进行，不受物理空间的限制。同时，调查可以采用多种形式进行，包括纸质问卷、在线调查、电话访谈或面对面访谈等。这种多样化的方法使调查能够满足各种研究需求，适应特定环境，从而有效收集所需数据。

研究者需要制订详尽的调查计划及提纲，包括调查的时间表、所需资源、数据收集和分析方法等。这个阶段的精心准备可以确保调查的顺利进行。在实际执行调查时，研究者必须严格按照预定计划进行操作。这一步骤至关重要，因为它直接影响调查数据的质量和可靠性。调查过程应确保所收集的材料具有真实性、客观性和典型性，避免数据的偏见和误差。对调查所得的资料和数据进行处理是调查研究中的一个重要环节。收集的信息需要进行系统的分类和整理，通常涉及将资料分为文字和数据两种形式。文字资料需要进行内容分析，以提取相关的信息和模式；数据资料则需要应用统计方法进行分析，以便于量化解释和支持调查结果。通过这种严谨的数据处理，研究者能够从调查中得到有力的证据，支撑或反驳研究假设，最终实现调查的目的。这些步骤的恰当执行不仅提高了调查的科学性和有效性，也为后续的决策和实践提供了重要的数据支持。

教学评价方法的进步体现在从单一的、客观的评价模式转向更为综合和参与式的评价体系。传统的教学评价强调评价者的价值中立，使用标准化的评价工具进行客观评判，有时会忽略被评价者的参与和反馈，导致教学评价过程变得机械和对立。这种方法可能导致被评价者对评价活动和结果产生排斥和抵触，不利于评价结果的接受和后续的教学改进。新课程改革提倡发展性评价，重视评价结果的认同度，强调评价过程的参与性和互动性。这种评价模式鼓励评价者与被评价者之间的沟通和协商，提倡自评和他评的结合，以提高评价的多元性和信息的广泛来源。这样的评价反映了教育过程的民主化和人性化，有助于被评价者更好地接受评价结果，将评价反馈转化为教学的改进和个人的发展新起点。

二、其他评价方式

（一）个人代表作品档案法

在历史教学评价中，个人代表作品档案法作为一种有效的评估工具，能够帮助学生、教师以及家长从不同角度理解和参与学生的学习过程。这种评价方法强调学习过程的记录、分析和反思，通过不同的档案类型来满足各种教育评价的需要。

1.形成性个人代表作品档案

形成性个人代表作品档案主要用于记录和评估学生的学习过程，旨在通过持续地监测学生的学习活动来促进学生的学术发展。这类档案通常包括学生的多种学习材料，如写作草稿、修改后的文章、班会记录、日常作业以及考试试卷等。这些材料展示了学生的学习进展，反映了他们对学习策略的适应和修改。在建立这种档案时，师生需要明确档案的起止时间，一般以学习单元或主题为周期进行材料的收集和评估。通过这种方式，学生能够更好地了解自己的学习方式和进步，教师则可以根据档案中的信息对教学方法进行适时调整。

2.综合性个人代表作品档案

综合性个人代表作品档案则更加全面地覆盖了学生的学习历程，包括形成性和终结性评价的元素。这类档案不仅收录了学生在学习过程中的选定作品，还包括学习周期结束时的成果作品。每件作品旁通常附有教师的具体评语，这些评语对学生理解评价标准和教学目标非常有帮助。建立这种档案通常有固定的时间限制，如用一个学期作为对该期间学习成效的总结。这样的档案有助于学生和教师从宏观上审视学习成果，讨论学习中遇到的问题，并制订未来的学习计划。

3. 三方协商考评法

三方协商考评法是一种动态的互动评价方式，涉及教师、学生及家长的共同参与。这种方法以学生为中心，通过学生主导的会议形式，使学生有机会向教师和家长汇报自己的学习成果和进展。在这些会议中，三方会共同讨论学生的表现水平，基于学生的个人代表作品档案进行全面评价。这种评价方式增强了学生的自主性和责任感，也使家长更加了解学校的教学目标和过程，加强了家校之间的沟通和合作。通过这种协商和讨论，评价过程变得更加透明和具有参与感，有利于构建积极的教育环境，促进学生在更高水平上的学术和个人发展。

（二）测验法

历史教学评价通常采用三种主要的测验法，每种方法针对不同的学习目标和能力，能够全面评估学生的历史学科理解和应用能力。

1. 论文式测验（主观测试）

论文式测验是评价学生综合能力的重要方式，尤其适用于历史学科，因为它能深入考查学生的理解、分析、判断和表达能力。这种类型的测验通常包括材料解析和问答题，要求学生不仅要重现知识，还要展示对材料的深入理解和批判性思考。论文式测验能够检测学生对知识的全面把握以及将知识应用到新情境的能力，这对历史学科尤其关键，因为历史学问不仅需要记忆事实，还要求学生能够连接和分析不同历史事件和趋势。为确保评价的公正性和准确性，教师在设计论文式测验时需要制定明确的评分标准和严格的评分程序，同时培训评分人员以降低评分的主观性。

2. 客观式测验

客观式测验以其标准化的答案和评分方式在现代教学评价中占据重要位置。这种测验形式侧重评估学生的记忆能力和基础理解能力，主要通过选择题、判断题等形式快速、广泛地覆盖大量的历史知识点。客观式测验的优势在于操作简便、覆盖范围广、评分客观且迅速，但它也存在一些局限。客观式测验往往无法深入评估学生在复杂思维、问题解决和创造性表达方面的能力。由于这种测验形式主要侧重对事实的回忆和基本概念的理解，所以无法体现学生对历史材料的深层分析或批判性思考能力。因此，客观式测验虽然在检测学生的基础知识和速度方面非常有效，但它也需要与其他类型的评价方法结合使用，以获得对学生历史学习能力的全面理解。

3.问题情境测验

问题情境测验主要用于考查学生在新的或未知的情境下应用所学知识和技能的能力。这种测验方式通过创设具体的问题情境，考查学生运用历史知识、分析原理和解决问题的技巧。问题情境测验特别适用于评估学生的高级思维能力，包括批判性思考、逻辑推理和知识迁移等。例如，在初中阶段的历史教学中，教师可以提供一个历史事件的背景材料，要求学生分析事件的原因、过程和影响，并基于历史原理提出自己的见解。这种类型的测验不仅能测试学生对历史知识的掌握，还能评估他们将知识应用于解决复杂问题的能力。

第四节 历史教学评价的工具

一、评价表

教育评价通常采用各类评价表为评价工具，这些工具能够全面捕捉和反映学生的学习水平。评价表的设计形式多样，能够满足不同的评价需求，包括但不限于学生的学业成绩、学习过程、学习态度以及其他相关的学习维度，如表4-1、表4-2所示。

表4-1 学生平时学习情况评价表

评价范围	自评	他评	综合考核	评语
常规作业				
小制作				
小文章				
资料收集				
口头表达				
平时测验				
总计				

表4-2 学生学期表现水平综合评价表

评价范围	所占分值	考核成绩	评语
平时成绩	10分		
学习行为	10分		
期中考试	30分		
期末考试	50分		
总计	100分		

　　一类评价表专门用来记录和反映学生的学业成绩，这些表格通常包含了学生在各科目或特定考试中的得分情况，有助于直观地展示学生在学术领域的具体表现水平，为教师和家长提供明确的成绩反馈。另一类评价表聚焦于学生的学习过程和学习态度。这种类型的评价表可能包括学生的课堂参与度、作业提交情况、团队合作能力及对学习活动的态度等方面。通过这样的

评价工具，教育者能够了解学生在学习行为和情感投入方面的表现水平，这对于促进学生的全面发展极为重要。还有一类评价表是综合性的，旨在全方位地反映学生多个方面的表现水平，包括学术成就、社交技能、创造力和领导能力等。这类评价表为教育者提供了一个宏观的视角，帮助他们评估和理解学生的综合素质和潜力。综合这些不同类型的评价工具，教育者可以获得关于学生的多维度信息，从而更有效地支持和引导学生的成长和学习。

二、项目和研究作业

项目和研究作业是历史教学中十分有价值的评价和教学工具，因为其允许学生从课本和传统学习活动中跳出，直接接触历史学科的实际操作和深层次思考。这种方法的实施通常涉及对一个特定历史话题或时期的深入研究，学生需要独立或在小组合作的形式下进行探索和研究，这不仅提高了学生的动手能力，还强化了学生的自主学习和主动求知精神。

这种教学模式通常需要三个步骤：首先，学生需要确定研究主题，这一过程通常由教师引导，以确保所选主题具有教学的相关性和研究的可行性。选择主题后，学生将进行初步的文献回顾和资料收集，这一阶段要求学生使用图书馆资源、互联网资料或可能的现场访问，以获取尽可能广泛的背景信息。教师需要教授学生如何识别信息源的可靠性，这是历史研究中一个关键的技能，尤其是在当前信息泛滥的时代。其次，学生需要分析收集的资料，从中提取有价值的信息，在这一过程中，批判性思维的培养尤为重要。教师应帮助学生学会如何从不同的角度解读资料，比较不同来源的信息，并对信息的偏见和背景进行理解。这不仅是对历史知识的学习，更是对信息处理能力的锻炼。最后，学生将基于研究发现撰写报告或进行口头报告。这一阶段的评价既考查了学生的研究成果，也考查了他们的表达和呈现能力。优秀的研究作业应能清晰展示研究问题、研究过程、分析结果和结论。此外，教师可以鼓励学生进行同伴评审，这不仅可以提高学生的批判性思维能力，还可以增强学生之间的交流和合作。

通过项目和研究作业，学生的历史学习不再局限于被动地接受知识，而是成为一个主动探索、批判性分析和创新表达的过程。这种教学方法有效地将历史学科的学术性和实践性结合起来，使学生在实际操作中培养了一系列跨学科的能力，如研究技能、批判性思维、解决问题的能力以及沟通和表达能力。这一过程增强了学生对历史的兴趣和理解，更为他们的终身学习和未来职业生涯打下坚实的基础。

三、在线测评工具

（一）在线测评工具在历史教学评价中的应用

在线测评工具因其便捷性和灵活性，已成为历史教学中十分重要的评价资源。这类工具可以帮助教师高效地收集和分析学生的学习数据，从而更好地理解学生在初中历史学科上的学习进展和需求。通过在线平台进行的测评不仅节约了大量的资源，如纸张和印刷成本等，还极大地提高了评价的及时性和可访问性。

在初中阶段的历史教学中，在线测评可被用于多种教学活动，包括定期的知识检测、学习进度跟踪以及复习和巩固重要历史事件和概念。这些测评通常包括选择题、填空题、判断题以及简答题等形式，旨在评估学生对历史事实、重要日期、关键人物以及重大事件的记忆和理解。此外，一些更先进的在线平台还支持开放式问题，允许学生提交更为复杂的书面回答，如对某个历史事件的分析或对某一历史问题的批判性思考，从而更全面地评估学生的历史分析能力和批判性思维水平。

（二）在线测评的优势与挑战

在线测评的一大优势是能够实时反馈学生的学习成果，使教师能够迅速地调整教学策略和内容，以满足学生的学习需求。例如，如果大部分学生在某个历史主题的在线测评中表现不佳，教师可以及时地识别这一教学难点，并在随后的课程中增加相关内容的讲解和讨论。

在线测评工具通常配有用户友好的界面和数据分析功能，能够帮助教师轻松掌握学生的成绩和进度，如生成详细的报告和图表，从而更系统地追踪每个学生的学习轨迹和成长历程。然而，在线测评在初中历史教学中的应用也面临一些挑战：一是技术问题，如网络不稳定、平台故障等可能影响测评的顺利进行；二是依赖在线工具进行评价可能会忽视学生的书写能力和其他非数字化的历史学习技能。因此，为了全面评价学生的历史学习能力，使用传统的书面作业和课堂讨论等评价方式也是十分重要的。

第五章

关注课堂教学，实施即时评价

第一节　即时评价概述

一、即时评价的概念

即时评价在历史课堂教学中通过教师及时地反馈学生的课堂表现情况，起到激励、指导和调整学习行为的作用，从而提高学生的学习动力和学习效果。即时评价包括教师对学生的单向反馈与学生的互评和自评，从而形成一个多维度的评价体系。这种全方位的互动评价机制更有效地引导了学生的学习，激发了他们的学习热情和自我驱动力。即时评价有三种形式：激励性即时评价、委婉的否定性即时评价、开放性的即时评价。

激励性即时评价对于学生的积极参与有重要影响。通过对学生表现水平的实时正面反馈，教师鼓励学生更加积极地投入学习活动，从而提高学生的学习动机和参与感。这种及时的肯定使学生感受到自己的努力被认可，从而更愿意接受挑战和尝试新的学习任务。即时评价还可以帮助学生及时了解自己的进步，增强学习的持续性和深入性。

委婉的否定性即时评价和反思性即时评价在学生的自我反思和批判性思维训练中发挥着重要作用。通过委婉而精准地指出学生的某些不足，教师可以引导学生进行深入的自我反省，识别并改进自己的学习策略。反思性评价进一步强化了这一过程，教师通过及时总结经验和教训，不仅能够帮助学生从错误中学习，还能培养学生独立分析和解决问题的能力。

开放性的即时评价则扩展了学生的视野，教师通过将所学知识与现实生活的联系引入课堂，能够激发学生的好奇心和探究欲。这种评价鼓励学生使用"望远镜"去观察和思考，激发他们提出有价值的问题，从而实现知识的深度应用和创新思维的培养。

即时评价的核心在于其形成性的特点，即它不仅关注最终的学习成果，还注重学习过程中的每一个细节。通过即时评价反馈，教师及时地捕捉到学生的学习状态和问题，并及时地进行必要的调整和指导。这种评价方式能够迅速地提供反馈，帮助学生认识到自己的优势和不足，从而在后续的学习中做出相应的调整。例如，在初中历史的课堂上，如果学生在分析一个历史事件时遗漏了重要信息，教师可以立即指出问题并引导学生完善自己的分析，这样不仅增加了学习的互动性，还提高了学习的针对性和有效性。

即时评价强调教师的语言艺术和非语言交流技巧，如肢体语言、面部表情等，这些都是传达情感和反馈的重要手段。在历史教学中，教师需要能够通过富有表现力的语言和丰富的情感来增强讲述的感染力，使学生更容易接受和理解历史知识。即时评价的灵活性和即兴性要求教师具备高度的敏感性和适应性，能够根据课堂情况灵活调整教学策略和评价方法。

即时评价的实施在历史课堂上尤为重要。通过教师的实时反馈，学生能够即刻了解自己在学习过程中的表现水平，识别自己的强项和弱点。这种评价方式的独特之处在于，它是以一种支持性和鼓励性的方式进行的，旨在保护学生的自尊心，从而让学生感受到尊重和平等。这种温和而正面的反馈机制不仅能促进学生的学术成长，还有助于培养他们的独立人格和自尊。

二、即时评价的目的

（一）培养学生的核心素养

即时评价作为一种教学策略，其主要目的在于通过教师对学生课堂行为的实时观察和反馈，促进学生核心素养的全面发展。核心素养的培养不仅包括学科知识的掌握，还包括学生批判性思维、问题解决能力、自主学习能力以及有效沟通能力的培养。即时评价通过直接和快速的反馈机制，帮助学生在学习过程中及时了解自己的状态和进步空间，从而在实际操作中提升这些能力。

在初中阶段的历史教学中，即时评价能够有效地帮助学生建立和强化对历史事件、思想、人物的深入理解。例如，当学生在讨论某一历史事件的原因和后果时，教师可以提出引导性问题或反馈，帮助学生拓展思路、深化理解或纠正错误的历史观点。这种评价方式不仅加强了学生对知识的记忆，还提高了他们分析和批判不同历史解释的能力。即时评价还支持学生在学习过程中提高有效沟通和表达的能力。通过教师的及时反馈，学生可以学习如何更清晰、更具说服力地表达自己的观点，这在历史学科中尤为重要，因为历史学科要求学生能够在讨论和写作中准确地表达复杂的概念和事件。

即时评价还强调自主学习的重要性。通过教师的正面或建设性的反馈，学生在学习过程中采取主动探索的态度，发展自我监测和自我调整的能力。这种评价方式的实施有助于培养学生的自信心和成就感，使他们更加积极地参与学习，逐步成为自主学习者。

（二）实现教学方式的变革

教学方式的变革是实现教育现代化的关键一环，在激发学生从"被动学习"向"主动学习"转变的过程中起着至关重要的作用。这种变革需要基于让学生主动参与和探究的原则，以促进学生的全面发展和自主学习能力的提高。即时评价作为这种教学变革中的一个重要工具，通过多种形式的应用，能有效提高学生的学习动力和学习效率。

（三）提高课堂教学效率

提高课堂教学效率是教学过程中一个至关重要的目标，尤其是在初中阶段的历史教学中，有效利用每一分钟对于学生的学习成效具有决定性影响。课堂教学效率可以通过有效教学时间与实际教学时间的比率来衡量。在理想情况下，如果一个45分钟的课程全部用于有效教学，那么教学效率将达到100%。即时评价在这一过程中扮演着关键角色，它不仅能帮助教师实时监测和提高教学效率，还能影响学生的学习态度和行为。

即时评价通过促进学生的自我反思，加深了学生对自身学习过程的理解。在这种评价的引导下，学生能够在每堂课的自我评估中发现个人的优势和不足，这种自我教育过程极大地提高了学生利用课堂时间的能力。通过即时评价，教师传递知识，通过"春风化雨"的方式深化了学生的学习体验，使每一分钟的课堂时间都被充分利用，极大地提高了课堂教学的整体效率。这种教学策略的有效实施不仅提高了课堂教学效率，还提高了学生的学习效率和发展潜力。

三、即时评价的特点

历史课堂教学中的即时评价主要集中在学生表现的各个方面，这是教师在课堂上对学生所展示的信息进行处理和反馈的过程。即时评价有低起点、小目标、勤评价、快反馈的特点，这些特点使即时评价特别有效，能够迅速引起学生的兴趣和关注，同时促进学生的积极参与和持续改进。

即时评价的低起点意味着教师设定的初步评价标准相对较低，使每个学生都能够在评价过程中找到自信。这种方式有助于减少学生的心理压力，鼓励他们在课堂上更加主动地参与学习活动。通过设定小目标，教师可以逐步引导学生迈向更高的学习目标。这种循序渐进的方法可以帮助学生稳步提升自己的学习能力和历史知识储备。勤评价意味着教师需要在课堂教学中频繁地对学生的表现情况进行评价。这种做法让学生可以及时地了解自己的学习状况，认识到自己的优势和需要改进的地方。快反馈则强调了评价结果的及时性，教师在发现问题或看到学生的进步时，应立即给予反馈。这种快速的反馈机制不仅能有效纠正学生的错误，还能强化他们的正确行为，使学生在不断的反馈中得到成长。

四、即时评价的优点

（一）即时评价的及时性与全面性

即时评价的一个显著优点是其及时性和全面性。在课堂教学活动中，及时的反馈至关重要，它能立竿见影地反映学生的学习态度和行为。即时评价不仅要迅速对学生的表现情况作出反应，还要全面覆盖学生多方面的能力和水平，包括学生在小组学习中的讨论、交流和合作参与程度，提出问题和解决问题的能力，以及在操作过程中表现出的表达能力和创新能力。通过全面的即时评价，教师可以更准确地掌握每个学生的学习状态和能力发展，进而进行有针对性的指导和支持。即时评价的全面性确保了每个学生的多方面能力都能得到重视和发展，促进了学生的全面成长。

（二）因材施"评"的灵活性

即时评价的灵活性能够根据学生的个体差异进行因材施"评"，即针对不同学生的特点采取不同的教育方法。例如，对于缺乏信心的学生，教师可以通过鼓励和支持来激发学生的自信心；而对于那些表现积极但有时过于冒险的学生，教师可以通过适当的约束和引导来帮助学生找到平衡。由于学生在遗传因素、家庭环境和个人成长经历上的差异，教师需要在评价时考虑这些因素，采用适合每个学生的评价方法，从而使每个学生都能在自己的节奏和方式上取得进步。即时评价的灵活性不仅尊重了学生的个体差异，还能有效促进学生的个性发展和全面成长。

（三）全面的以点带面效应

在课堂教学中，教师对某个学生的即时评价也能传递给全体学生。例如，当教师对一个学生在小组讨论中的积极表现情况进行表扬时，其他学生也会受到激励，努力参与讨论并提高自己的表现水平；反之，当教师指出一个学生在作业中的错误时，其他学生也会注意避免类似的错误。通过这种方式，教师能够有效地利用对一个或几个学生的评价来影响整个班级的学习氛围和行为标准，从而达到整体提高教学效率的目的。这种以点带面的评价方法不仅能提高课堂教学的效率，还能帮助学生形成正确的学习态度和方法。

第二节　即时评价的原则

教育学家瓦·阿·苏霍姆林斯基（Vasyl Sukhomlynsky）曾指出，教育的首要任务是让学生体验劳动的快乐，并唤醒他们内心深处的自豪感。这一理念在即时评价中得到了充分体现。教师通过细致观察和敏锐的洞察力，能够发现并挖掘学生身上的闪光点，并及时给予肯定和表扬。这样的评价不仅能激励学生，还能帮助学生全面认识自己的优点和长处，从而增强自信，消除自卑心理。

即时评价的激励功能有效地激发了学生的潜能。通过对学生积极表现情况的热情激励，教师可以引导学生不断挑战自我，突破自身的限制。在这个过程中，学生不仅能体会到成功的喜悦，还能逐步形成对自我能力的认可和信任，从而在学习和生活中表现出更强的主动性和创造力。即时评价通过积极的反馈，促使学生不断地反思和改进自己的行为和学习方法，最终塑造全新的自我形象。教师的肯定和鼓励是对学生过去努力的认可，也是对他们未来潜力的激发。学生在积极的评价中不断成长，逐渐转变成一个自信、自律、有创造力的个体。这一转变充分体现了教育的真正价值和意义。即时评价有以下八个原则。

一、激发动力原则

激发动力原则强调通过即时评价来激发学生的内在动机和潜力。即时评价不是对学生表现水平的简单肯定或批评，而是通过有策略的反馈，激发学生的内在动力，使他们朝着期望的目标前进。从心理学角度来看，每个学生都有自己的智慧和能力，而即时评价能够有效地唤醒这些潜力。正面评价增强了学生的自信心和自尊心，鼓励学生在学习过程中表现出更多的创造力和主动性。即时评价的激励效果不仅体现在对当前任务的完成上，还在于长期地培养学生积极向上的学习态度和不断进取的精神。

二、目标明确原则

目标明确原则强调即时评价的目的性和针对性。在历史课堂教学中，教师和学生在进行即时评价时，必须明确表达评价的具体内容和意图。例如，评价学生的表现水平时，教师需要具体指出"好"在何处以及为什么"好"，这样的评价才具有指导意义。只有当评价具有明确的针对性时，学生才能真正理解自己的优点和不足，并进行有针对性的改进。即时评价的有效性不仅在于快速反馈，更在于通过详细、具体的评价内容，让学生明确自己需要保持和改进的地方。这样，评价才能真正发挥其导向作用，帮助学生不断进步和发展。

三、过程导向原则

过程导向原则强调即时评价要关注学习结果，还要重视学生在学习过程中的探索和发现。这种评价方法提倡将学习视为一种"再次发现"知识的过程，而不是简单地获取既有答案。通过即时评价，教师可以引导学生主动参与知识的发现和建构，培养学生的探究精神和批判性思维。例如，在历史课堂上，教师通过即时反馈，鼓励学生提出问题、讨论和分析历史事件的原因及其影响，帮助学生更好地理解历史知识，培养他们的独立思考能力和学习兴趣。即时评价在这一过程中起到了促进学生思考和探索的作用，使学习变得更加有意义。

四、识别潜力原则

识别潜力原则要求教师在即时评价中善于发现和挖掘学生的潜在能力和特长。一位优秀的教师应具备敏锐的洞察力，能够捕捉学生在学习过程中的"闪光点"，并及时给予积极的反馈和鼓励。通过这样的评价，教师不仅能帮助学生增强自信心，还能保护学生的自尊心，激发学生对学习的热情和兴趣。例如，当学生在课堂上提出独到见解或展示自己出色的分析能力时，教师可以通过即时评价来表扬和鼓励他们，从而增强学生的自信心。这种积极的评价方式肯定了学生的努力和成就，激励学生在未来的学习中继续努力，追求更高的目标。

即时评价的识别潜力原则通过积极、正面的反馈，帮助学生认识到自己的潜力和价值。在这一过程中，教师的评价不仅是对学生当前表现水平的认可，更是一种对未来成长的期待和支持。这种评价方式有效地促进了学生的全面发展，使他们在自信和自尊的基础上，不断探索和发现自己的潜能。

五、互动协作原则

互动协作原则强调即时评价过程中师生之间的积极互动与合作。这种评价方式包括教师对学生的单向反馈、学生之间的互评和学生对教师评价的反馈。通过建立一个开放的平台，教师和学生可以共同参与评价过程，使评价变得更加有意义和富有建设性。在课堂上，教师在给出指导性评价时，可以帮助学生从多角度、多层面分析问题，同时应允许学生对自己的答案进行辩解和说明。这种双向互动能够提升学生的批判性思维，培养他们的表达能力，增强自信心。

学生之间的互动评价在课堂教学中也发挥着重要作用。学生互评使学生能够学习如何接受和给予反馈，还能通过互相学习和讨论，深化对知识的理解。通过质疑和讨论，学生可以在相互启发中发现自己的不足和他人的优点，从而共同进步。学生对教师评价意见的二次评价促进更加深入地交流和理解，使评价过程更加全面和丰富。这种多层次的互动评价有效地促进了课堂教学质量和学生的学习效果。

六、创新激励原则

创新激励原则在即时评价中尤为重要，它强调教师在评价过程中要充分肯定和保护学生的创新意识。即时评价激发了学生的创造热情，鼓励学生勇于探索新知识和新方法。在历史教学的即时评价中，教师可以通过表扬学生独特的观点或新颖的分析，来增强学生的创新意识。这种鼓励不仅能让学生感受到自己的想法被重视，还能促使学生在学习中不断创新、勇于尝试。教师在即时评价中还应注重培养学生的非智力因素，如远大的理想、不畏艰险的勇气、锲而不舍的意志等。通过肯定和鼓励学生的创新尝试和探索精神，帮助学生建立积极的心理品质和强大的内在动力。这些品质对学生当前的学习有重要意义，为他们未来的发展奠定坚实的基础。即时评价中对创新意识和探索欲的保护和激励，使学生在学习过程中不断挑战自我，实现全面发展。

七、多元接受原则

多元接受原则要求教师对学生的回答采取包容的态度，并给予多点式的肯定。这意味着教师在评价学生时，不应仅仅依赖"标准答案"判断学生的回答，而是要理解并接受学生基于他们自身知识和经验所作出的独特回答。通过这种方式，教师尊重了学生的个性化表达，认可了他们在课堂上的努力和思考，进而激发学生的积极性和自信心。如果教师只以成人的立场和固定的标准来评价学生的表现水平，往往会忽略学生在学习过程中表现出的独特创造力和思维方式，使学生感到压抑和不被理解。

在历史课堂教学中，学生的每一个答案都是他们在有限时间内对已有知识和经验的回忆、检索、重组和整合的结果。这些答案不仅反映了学生对所学内容的理解，还包含了他们对生活的独特体验和感悟。因此，教师在即时评价时应善于发现并肯定学生答案中的合理成分，并利用这些成分引导学生一步步接近真理。通过多元接受的评价方式，教师能够帮助学生从不同的角度理解知识，并在不断地探索中找到适合他们的学习方法和路径。这样不仅提升了学生的学习兴趣，还促进了他们对知识的深刻理解和综合运用能力的培养。

八、尊重个体原则

尊重个体原则强调教师在即时评价中应尊重每一位学生的独特性和个体差异。学生在课堂上所给出的答案，是他们根据自己的生活经验和知识背景所作出的独特反应。因此，教师在即时评价时，应尊重学生的这些独特性，避免以单一的标准去衡量所有学生的表现水平。

通过尊重个体的即时评价，教师能够帮助学生建立自信和积极的学习态度，使他们感受到自己的意见和想法被重视和尊重。这样，学生在课堂上会更加积极、主动地参与讨论，愿意表达自己的见解，从而形成一个开放、包容和积极互动的学习环境。这种评价方式提高了课堂教学的效率，促进了学生的个性发展和自主学习能力的提高。在尊重个体差异的前提下，教师的即时评价能够真正发挥其激励和指导作用，帮助学生在学习中不断进步和成长。

第三节　即时评价的实施

一堂优秀的历史课不仅包括充实的教学内容，还需要营造活跃的课堂气氛。为了实现这一目标，教师的即时评价起着至关重要的作用。教师在课堂上应对学生的回答进行适当的总结或评说。这种总结或评说可以从多个方面入手：有时是知识上的概括，需要对答案涉及的历史知识进行总结；有时是观点上的评议，需要对答案涉及的理论或观点进行讨论；有时是方法上的指导，需要对学生的回答进行学习方法的引导。这种多层次、多角度的即时评价使学生可以更全面地理解和掌握历史知识，并在课堂上保持积极参与和互动的状态。

一、教师的即时评价

（一）即时评价的技巧

当课堂上学生出现学习方面问题时，教师需要及时、全面地评价学生的表现情况，既要肯定优点，也要指出不足。评价时，教师应注意方式方法，运用技巧，避免随心所欲；要加强课堂即时评价的针对性，并要给学生弥补错误的机会，切忌伤害学生的自尊心。即时评价的技巧主要包括以下五个方面。

1. 发挥肯定性评价的优势

美国心理学家詹姆士（William James）认为，人最本质的需要是渴望被肯定。肯定性评价是教师在课堂中对学生的问答、演示、表现水平做出的鼓励式、表扬式、引导式、总结延伸式的评价，具有准确性、及时性、激励性、真诚性、导向性的特点。教师可从以下两个方面入手，使肯定性评价的使用达到最好的效果。

（1）以爱为出发点。教师的即时评价应以对学生的爱和信任为出发点。相信每个学生都有巨大的潜能，并相信这些潜能能够被发现和发挥，这是教师进行肯定性评价的基础。教师在评价时应真诚且耐心，关注学生的个体差异和独特的学习路径。通过肯定学生的努力和进步，使学生建立自信，促使他们敢于挑战自我，不断提高。教师的爱和信任在评价中传达给学生，形成一种积极的学习氛围，让学生感受到教师的关怀和支持，从而更加主动地投入学习。

（2）结合历史课的教学实际。即时评价应结合历史课的教学实际，做到情感共鸣和行为体验相结合。在历史课堂上，教师可以通过肯定性评价激发学生的好奇心和探究欲望。例如，当学生对某一历史事件提出独到见解或进行深刻分析时，教师应及时给予积极的反馈，这不仅能肯定学生的思维能力，还能鼓励他们继续深入探讨。即时评价语言应富有感染力，能够引发学生的情感共鸣，同时通过具体的行为指导，帮助学生养成良好的学习习惯和意志品质。这样，评价不仅能成为知识传递的工具，还能成为情感交流和行为引导的桥梁。

2. 发挥否定性评价的作用

否定性评价的目的是鼓励学生不断努力。没有人一开始就是完美的，面对学生在学习过程中出现的错误，教师在使用即时评价时，应讲究评价的艺术性。教师要用较委婉的语句，避免伤害学生的自尊心和积极性，让学生在面对错误时没有自卑感、挫折感和失败感。教师在进行否定性评价时，应注意以下三点。

（1）运用否定性评价中的鼓励技巧。在课堂教学中，对于学生反馈的错误信息，教师应扮演一个公正的裁判角色，及时给予精辟、恰当的裁决。在进行否定性评价时，教师要采用"贬中有褒"的方法，即在指出错误的同时，寻找并肯定学生回答中的积极因素。这种方法可以有效缓解学生因错误而产生的失落感，帮助学生保持自信心和积极性。例如，当学生在历史问题的回答中出现错误时，教师可以先肯定学生的努力和部分正确的观点，然后温和地指出需要改进的地方。这种评价方式能纠正学生的错误，还能激励学生继续努力，提升学习兴趣和动力。

（2）提供弥补错误的机会。在进行否定性评价后，教师应该给学生一个弥补错误的机会。大多数学生都有很强的好胜心，失败后的遗憾感往往会激发他们更强烈的改进动力。心理学研究表明，学生在经历失败后，注意力和思维运转会处于高度活跃状态，此时如果给他们一个改正错误的机会，他们通常会表现得更好。因此，教师通过再次提问、补充练习或小组讨论等方式，可以帮助学生重新审视和解决问题。这不仅能让学生感受到教师的支持和信任，还能使学生在克服困难的过程中获得成就感，从而增强他们的自信心，提高学习的积极性。

（3）挖掘错误的价值。当学生的回答出现错误时，教师应从另一个角度去挖掘和肯定该错误的价值。错误不仅是学生个人学习过程中的一个环节，更是整个课堂学习的宝贵资源。教师可以通过分析错误揭示错误的借鉴和提示作用，使其他学生也能从中学习和改进。例如，教师可以指出这个错误在理解过程中可能存在的普遍性问题，并通过讨论纠正这一错误，从而使全班同学避免类似的误解。这种评价方式能让犯错的学生感受到自己的贡献，还能提高课堂的整体学习效率。通过挖掘错误的价值，教师将否定性评价转化为积极的学习经验，促进了学生的深度理解和知识应用。

3. 实施层次化的开放式评价

在即时评价中，采用开放式评价是关键，教师需要注重教育的层次性。开放式评价基于尊重和发展个性的理念，以每个学生的自身状况为基准，进行纵向比较而不是横向比较。这意味着教师在评价时关注的应是学生个人的进步和发展，而不是将学生与其他学生进行直接比较。对于学习基础好的学生，教师应鼓励他们在已有的基础上进行创新和提高，激发他们的创造力和潜力；而对于学习基础不是很好的学生，教师不应追求他们全面、完美的回答，而应关注他们的相对进步和提升。这种方式可以减轻学生的心理负担和压力，增强学生的自信心，激发学生的学习动力，使每个学生都能在自己的节奏中不断进步。

4. 选择适当时机进行延时评价

延时评价是一种利用学生期待心理的教学策略。在历史课堂上，当学生提出问题或给出答案时，教师可以选择不立即进行评价，而是引导学生自己去发现和探究，在学生获得顿悟之后，再给予适当的评价或总结。这种方法可以鼓励学生深入思考和自主学习，从而提高学生的理解和解决问题的能力。延时评价不仅能够激发学生的好奇心和探究欲，还能培养他们的耐心和坚持精神，帮助他们在学习过程中体验到思考的乐趣和成功的喜悦。实施延时评价时，教师应选择适当的时机，以最大限度地发挥其作用。例如，当学生突发奇想时，教师可以通过延时评价鼓励学生进一步探索这些创意，避免立即评判的限制，从而保护和激发学生的创新思维；当学生对某个问题的理解有异议时，教师可以暂缓评价，促使学生通过讨论和自我反思来解决疑惑，这有助于加深学生对知识的理解和掌握；对于那些具有多种解答可能性的问题，延时评价可以引导学生探索各种解答途径，培养学生的多角度思考能力和综合分析能力。

5. 运用非语言评价的技巧

非语言评价是教师通过肢体语言或文字传达对学生表现水平进行的评价，不需要借助口头语言。通过一个点头的微笑、欣赏的眼神、竖起的大拇指的赞许、拍肩膀的激励、握手的感激、安抚的动作等，可以传达教师对学生的认可和鼓励。例如，当学生在课堂上回答问题时，教师可以用一个微笑或点头来表示赞许，传递出积极的情感支持。这种无声的非语言评价既简便又直接，能够迅速、有效地传达教师的评价，让学生感受到被认可的愉悦感。除了肢体语言，教师还可以使用文字和符号进行无声评价。例如，在学生的作业本、试卷或课堂笔记上，教师可以用简短的评语或鼓励性的符号来表达对学生努力的认可。教师可以在学生的作业旁边写上"做得很好！"或画一个笑脸符号，这些小小的文字和符号能传递教师的关注和欣赏，鼓励学生继续努力学习。这种方式，可以激励学生，在评价中传递具体的反馈信息，使学生明确自己的进步和需要改进的地方。

（二）即时评价的常见用语

1. 赞美性表达

赞美性表达不仅能传达教师对学生的温馨关怀和真挚信任，还能通过热情的鼓励和殷切的期望，帮助学生发现并发扬自己的"闪光点"，在即时评价中起着至关重要的作用。这种评价方式能够极大地提升学生的自信心和学习动力，使他们感受到教师的关注和认可，从而在学习过程中更加积极主动。

赞美性表达具体示例如下：

"你的回答真精彩！／你的回答很有创见、很独到，真了不起！／你的回答很有个性！"

"你的问题很有价值！／你提的问题很有水平！"

"你很博学！／你的反应真灵敏！／你的视野真开阔！／你的方法真管用！／你的猜测很有意思！／你的见解真的很与众不同！／你与众不同的见解真是让人耳目一新！"

"你敢于发言，有胆量了！"

"老师和你的想法一样！老师很赞成你的想法！"

2. 激励性表达

激励性表达能够表达教师深厚的情感和对学生的关爱，体现师生之间的相互交流和亲和性。这种评价方式不仅能够激发学生的学习热情，还能增强他们的自信心和自尊心。

激励性表达示例如下：

"这个想法真棒，你能和大家分享一下你的思路吗？"

"你的努力让我看到了你的进步，能再详细说明一下吗？"

"你刚才的回答很有启发性，你还有什么想法吗？"

"你别急，再想一想，我们一起讨论一下。"

"你刚才的解答很独特，我们可以再深入一点吗？"

"这个问题很有挑战性，你已经做得很好了，继续加油！"

"你的回答非常精彩，能不能再具体阐述一下你的观点？"

"你提出的见解很有深度，能不能和我们分享更多？"

"你的思维方式很独特，能不能再试试从另一个角度分析？"

"不要紧张，你已经很接近答案了，再想想看。"

"这次回答比上次有进步，继续保持！"

"你的解答非常有创意，我们一起看看其他可能的答案。"

"说得很好，你能再详细讲讲这个部分吗？"

二、学生的即时评价

（一）激发评价兴趣

在当前的教育环境中，激发学生对学习内容的兴趣是提高教学效率的关键因素之一。尤其在初中阶段的历史教学中，如何有效地激发学生的评价兴趣，是每位历史教师必须面对的挑战。

创设互动性的学习情景是激发学生评价兴趣的有效手段。教师可以设计一些角色扮演的活动，让学生扮演历史事件中的关键人物。例如，在学习明朝初期的历史时，学生可以通过扮演朱元璋、李善长等人物，重新审视和讨论土地制度改革的利弊。通过角色扮演，学生能深入理解历史事件的复杂性，也能通过批判性思维来评价历史人物的决策。这种方式能够有效提高学生的参与度和评价的主动性。

运用多媒体资源可以极大地丰富教学手段，提高学生的学习兴趣，所以教师可以使用视频、音频等多媒体材料，如展示"三国演义"中的重大战役——赤壁之战的战略部署和战斗过程。通过视觉和听觉的双重刺激，学生可以更清晰地理解历史事件，并在此基础上发表自己的看法和评价。这种直观的学习方式提升了学生对历史的兴趣，激发了他们评价和思考历史的深度。

教师还可以鼓励学生进行小组讨论，通过集体智慧来深化对历史事件的理解和评价。通过小组讨论，学生能从多角度审视问题，学习如何表达和支持自己的观点。这种评价活动有效地提升了学生的批判性思维能力和历史分析能力。

（二）给予评价机会

在历史教学中，给予学生评价的机会是至关重要的，这样的实践不仅能够提升学生的历史认知能力，还能提高他们的批判性思维和自我表达能力。

创造一个民主、和谐且平等的评价环境是激励学生积极参与历史评价的前提。在初中阶段的历史教学中，教师需要尊重每一个学生的意见，无论其观点正确与否，都应给予肯定和鼓励。例如，在讨论"盛唐气象"这一时代特征时，教师可以鼓励学生从不同的角度来分析盛唐气象的特征，如政治、经济、社会风气、文学艺术、中外交流等。教师应鼓励学生表达自己的观点，使学生学会多角度思考，可以分小组在课堂讨论并表达。这种方式能增强学生的参与感，提升他们的思考能力。

给予学生充分的思考和讨论时间是促进他们深入理解和客观评价历史事件的关键。在初中历史课堂上，教师可以设置专门的讨论时间。例如，在学习"宋朝的科举制度"时，教师可以先介绍科举制度的基本情况，然后留出10～15分钟的时间让学生自由讨论科举制度对中国古代社会的影响。学生可以分组讨论科举制度如何影响了社会结构、文化发展及其对现代教育的潜在影响。这种方法使学生不仅能更好地理解历史，还能通过小组互动学习如何表达自己的观点。

（三）传授评价方法

在历史教学中，帮助学生成为评价活动的主导者是一个重要的教学目标。学生不应被视为被动接受知识的容器，而是应该成为学习的主动参与者，能够独立进行历史事件的评价和分析。因此，教师需要采取有效的方法和步骤，确保学生可以掌握和应用评价的技能。

1.理解和应用评价标准

在评价开始之前，教师需要确保学生能够理解评价活动所需遵循的标准和原则。在初中阶段的历史教学中，教师可以通过将评价标准具体化和可视化来实现这一目标。例如，在讨论"秦始皇的中央集权政策"时，教师可以先出示一套详细的评价标准，包括政策的实施效果、对社会稳定的影响以及对后世的长远影响等方面，学生需要"读"这些标准，理解各项标准的意义和应用场景，这是评价过程的第一步。

2.培养评价的听力和思考能力

在课堂讨论中，教师应当鼓励学生积极发言，同时要细致地"听"学生的每一次发言。例如，在学习"明朝的海禁政策"这样的议题时，教师不仅要听取学生的观点，还需要指导学生如何基于已设定的评价标准来构建自己的论点。教师可以通过示范或提供反馈的方式，帮助学生在"想"和"评"的过程中学会如何更加深入和系统地分析历史事件，这包括对事实的陈述，以及对这些事实背后深层次的批判性思考。

3.培养学生的多维评价技能

在历史教学中，培养学生的自主评价能力是极为重要的。学生应通过多种评价形式和策略来深入理解历史，同时发展他们的批判性和创新性思维。

（1）多样化的评价形式。教师应引导学生掌握多样化的评价形式，包括自我评价、同伴互评和师生互评。以初中历史教学为例，在学习"汉武帝巩固大一统措施"时，首先，学生可以进行自我评价，思考自己对政策理解的深度和完整性；其次，学生在小组讨论中进行同伴互评，评价彼此对事件的见解；最后，教师可以提供专业反馈，帮助学生进一步深化理解。这种多层次的评价方式能够让学生从不同角度思考问题，增加学习的深度和广度。

（2）比较性与争议性评价。比较性评价和争议性评价是培养学生辨析能力和求异思维的关键。在探讨如"三国鼎立的政治局势"时，教师可以鼓励学生在发现不同的历史解读时进行比较，理解每种观点的依据和局限。争议性评价可以通过组织辩论来实现，学生根据自己的研究提出对其他同学评价的异议，并通过逻辑和证据来支持自己的观点。这种评价方式促进了学生的独立思考和批判性分析能力的提高。

（3）赞赏性与补充性评价。赞赏性评价和补充性评价有助于培养学生的欣赏意识和思维能力。例如，在分析"唐朝的文化繁荣"这一主题时，学生可以赞同同伴对某一诗人或画家贡献的评价，并且提出自己的见解，这种评价方式鼓励学生认可别人的观点，并在此基础上发表自己独到的见解，进一步丰富讨论的内容。

（4）多角度与创新性评价。多角度评价和创新性评价是让学生围绕历史问题进行全面和创新思考的重要手段。多角度评价和创新性评价鼓励学生超越传统观点，提出自己的独到见解，如对某一历史事件的新解释或对历史人物的非传统评价。例如，学生在学习都江堰、长城等重大工程的建造时，可以从多个角度评价工程的修建：既可以评价工程的修建如何反映了古代劳动人民的智慧，也可以评价工程的修建对当时和后世产生的巨大作用。

（四）注重坦诚交流

在历史教学中，确保师生之间的坦诚交流是提高教学质量和学生参与度的关键。这种交流包括学生对历史内容的评价以及他们对教学方法和教师水平的反馈。一个开放和诚实的沟通环境可以培养学生的批判性思维能力，还可以促进教师的教学改进。

1.建立诚实和包容的反馈文化

教师需要在历史课堂上建立一种诚实和包容的反馈文化，这意味着教师要鼓励学生对历史事件或人物进行开放和诚实的评价，还要对学生的疑虑和批评持开放态度。教师的任务是展示一种开放和包容的姿态，积极听取和理解学生的每一种观点，无论这些观点多么独特或可能与教师个人的看法不同。

教师应该引导学生学会如何基于事实和历史证据表达和支持自己的观点。这涉及对历史资料的准确解读以及如何理性地处理和表达与他人意见不同的观点。在此过程中，教师可以通过示例、讨论和角色扮演等教学方法，帮助学生学习如何构建基于证据的论证，并教导学生在表达个人看法时保持尊重和中立的态度。在此基础上，教师应鼓励学生在课堂上进行开放的讨论，使学生能够在安全和支持的环境中探索和表达复杂的历史议题。

2.分析和讨论评价的正确性

教师应与学生一起分析和讨论评价的正确性。在学生对某一历史事件或人物提出评价后，教师应该引导学生深入理解其评价的依据和逻辑。例如，当学生评价"秦始皇的中央集权是否有效"时，教师可以帮助学生探讨评价的多个角度，如政治、经济、文化因素等，或肯定或否定。对于学生评价中不当或偏颇的地方，教师应及时提供信息，帮助学生澄清误解，并理解不同历史视角。

3.共同制订教学和学习的改进计划

教师与学生还应共同制订教学和学习的改进计划。通过定期的反馈和评价会议，教师可以与学生讨论如何改进教学策略和学习方法，以更好地满足学生的需求，达成学习目标。例如，如果学生反映历史课程内容太过枯燥，教师可以考虑引入更多互动性的教学方法，以提高学生的兴趣和参与度，如模拟历史事件或小组项目。

第四节 即时评价的注意事项

一、评价问题时的注意事项

（一）注意避免表扬泛化的负面影响

表扬的泛化不仅会阻碍学生对具体知识的理解，还可能导致错误的学习导向。在历史课堂上，教师若过度依赖泛化表扬，可能会使学生认为仅凭表面的知识回答就足够，从而忽视了深入思考和精确表达的必要性。另外，当表扬被用作唯一的激励手段时，其激励功能可能逐渐弱化。真正的鼓励应该包括对学生努力和进步的认可，而不只是对成果的表扬。在历史学习中，教师应更多地关注学生如何通过分析历史事件发展自己的批判性思维，而非仅仅表扬他们的答案是正确的。

因此，教师在进行课堂评价时，应采用更具体、更有指导意义的表扬方式。例如，教师可以对学生的具体分析进行反馈，这样的反馈不仅表扬了学生，还具体指出了答案中的优点，有助于学生认识到自己的强项，并鼓励学生在未来的学习中继续发展这一能力。通过这种方式，表扬能够真正转化为促进学生学业成长和思维发展的工具。

（二）注意避免不负责任和形式主义的影响

教师的评价必须负责任且诚实，避免仅仅为了让学生感觉好而省去必要的批评。例如，在探讨"工业革命的社会影响"时，若学生的论述缺乏对负面影响的认识，教师应指出这一点，引导学生看到历史事件的多面性。这种诚实且具有建设性的反馈不仅有助于学生全面理解历史，也是对学生真正负责的体现。教师评价应避免形式化或不具体化，应具体指出学生在哪些方面做得好、在哪些方面需要改进，这种方法可以有效地防止评价变成"假、大、空"的空洞表扬。

此外，在初中阶段的历史教学中，一个均衡的评价策略应当既包括激励性评价，也应涵盖指正性或否定性的反馈。这种平衡可以确保学生在接受正面鼓励的同时，也能接受否定的评价，进而从错误中学习并获得成长。例如，在学习"美国独立战争的原因和结果"时，如果学生对某些历史细节的理解有误，教师应及时指出错误，并提供正确的信息和分析，帮助学生构建准确的历史认知。

（三）注意确认目标导向和激励效果

在历史教学中，评价应具有明确的目标导向和有效的激励作用。当表扬成为常态而非针对特定成就时，其能够激发学生进步的效果会逐渐减弱。例如，如果一个学生在历史课上总是因为回答标准问题而获得表扬，这种表扬可能很快就会被视为理所当然，失去其激励作用。教师评价最重要的是将激励扩展到所有学生，而不仅仅是那些经常表现出色的少数学生。在初中阶段的历史教学中，教师需要创造机会，让每个学生都有机会表达自己的观点和理解。例如，在讨论"二战中各国的不同战略"时，教师可以鼓励不同水平的学生分享他们对战略成败的看法，而不是仅听取几个优秀学生的分析。

（四）注意确保评价的广泛性和包容性

确保评价的广泛性和包容性也是历史教学评价的关键。这可以提高所有学生的参与感，帮助他们在学习过程中找到提升自我能力的途径。通过在课堂上平等地对待每个学生的贡献，教师可以营造一个更加积极和互动的学习环境，让每个学生都有机会得到发展。

（五）注意重视学习过程与结果的平衡

在初中阶段的历史教学中，过分强调结果而忽略学习过程的做法需被重新审视。有效的教学应当同时关注学生如何得出答案的过程，这样才能真正提高学生的创造性思维和问题解决能力。例如，在学习"美国独立过程"的历史时，教师应询问学生是如何通过分析殖民地的经济、政治和社会背景来理解独立运动的，而不是仅满足于学生知道 1776 年是美国《独立宣言》签署的年份。

对于学生的错误答案，教师的反应尤为关键。例如，在讲解"法国大革命的原因"时，如果学生错误地将其归因于单一经济因素而忽视了社会政治因素，教师应详细解释为什么这一答案是不全面的，并引导学生探索革命的多重原因。通过具体分析学生的错误，可以纠正学生的错误，加深学生对事件的理解，从而在未来的学习中避免类似错误的发生。

教师的目标应该是引导学生探索多种解决问题的方法，而不仅是找到一个正确答案。例如，在探讨"'二战'结束后世界格局的变化"时，教师应鼓励学生从不同国家的角度分析其影响，以及思考如果某些事件结果不同，世界会如何改变。这种方法能够提升学生的历史知识水平，培养他们的批判性思维和创新能力。

二、教师的工作反思

（一）树立科学的评价理念

在面对以专题综合为形式的新历史教材时，教师应主动适应课程改革的要求，转变传统的教学理念和方法。这种改变要求教师深刻理解新课程的教育理念，即教育不仅是知识的传递，还是促进学生全面发展的过程。在这一过程中，教师应以主人翁的姿态，积极参与课程改革，将"为了每一位学生的发展"转化为具体的教学行动。例如，在历史教学中，教师应重视学生对专题的探究，鼓励学生从多个角度分析问题，利用开放式的评价方式满足学生的个性化学习需求。这种评价方式关注学生的知识掌握情况，更注重评价学生的思维过程和问题解决能力。

在初中阶段的历史教学中，教师应树立以学生实际学到的内容为中心的教学评价理念，这是跳脱传统"我教完了"模式的关键。以教师为中心的教学方式可能会压制学生的探究动机和批判精神。传统的教学评价往往侧重教师的教学行为和教学内容的完成情况，而忽视了学生真正的学习成果和理解深度。例如，教师在教授"'二战'历史事件"时，不应仅满足于覆盖所有的战役和日期，而应深入探讨学生是否真正理解了这些事件背后的政治动因、经济影响和社会结果。教学过程的优化应基于促进学生的发展和提高学生的学习动机。

（二）提高专业知识水平

为了更好地满足新课程的要求，教师需要在专业知识和教学技能上进行自我提升。在专业知识方面，教师不应局限于单一的历史学科知识，而应拓展到相关学科，如地理、政治等，以形成更为全面的知识结构，这有助于教师在教学中提供跨学科的视角和深层次的理解。在教学技能上，教师应学会运用多样化的教学手段来提高课堂的互动性和学生的学习动机，如多媒体教学、小组讨论、角色扮演等。教师还应努力成为一名"会演会导"的研究型教师，能够根据学生的反应和学习情况灵活调整教学策略，使课堂成为一个真正适合学生学习的环境。

（三）经常开展自我评价

自我评价是教学过程中十分重要的一环，尤其在初中阶段的历史教学中，它能帮助教师和学生共同反思学习中的问题和增强学习效果。教师通过自我评价可以更好地理解和改进教学方法，使课堂教学更能满足学生的学习需求。例如，在一堂关于"工业革命"的历史课上，教师应在课后反思自己的教学策略——课堂讨论是否充分激发了学生的参与热情，所使用的教学资源是否帮助学生深入理解了工业革命的影响。通过这样的反思，教师可以不断调整教学方法，确保每次授课都能有效地促进学生的学习和理解。此外，教师应鼓励学生进行自我评价，这能增强学生的自主学习能力，帮助他们更好地理解自己在学习过程中的强项和待改进的地方。学生在历史学习中，可以在每堂课后问自己几个问题：我对今天的历史话题理解有多深？我能否将所学知识与其他历史事件联系起来？我在哪些方面做得不错，哪些方面还需要改进？通过这种方式，学生可以更加主动地参与学习过程。学生的自评也能帮助教师来调整教学重点，确保教学内容和方法都能满足学生的需求。

为了有效实施自我评价，教师可以引入一些具体的工具和方法，如学习日志、互评活动或者电子投票系统，这些工具可以收集关于教学和学习效果的反馈信息。在历史课程中，教师可以设计一些特定的反思活动，如让学生在学习了某个历史事件后，编写一篇反思报告，描述自己的学习体验、收获及困惑。这样的活动能够加深学生对历史知识的理解，培养他们的批判性思维和自我反思能力。

第六章

关注学习过程，实施表现性评价

第一节　表现性评价概述

一、表现性评价的概念

表现性评价是一种通过观察、记录和分析学生在完成具体学习任务中的行为表现来评价其学习成果的方法。这种评价方式专注于评估学生的参与意识、合作精神、科学探究能力、分析问题能力、理解能力和认知水平以及表达交流技能。表现性评价不仅测量学生知识和技能的掌握情况，而且强调将这些知识和技能应用于解决真实世界的问题中，确保评价情境与实际生活情境的一致性。这种评价方法因其能在真实活动中测量学生的表现而被称为"基于表现的评价"，被视为一种与传统纸笔测验相对的"另类评价"。

二、表现性评价的内涵

表现性评价起源于20世纪90年代的美国，因其具有明确的评价标准、客观的评分规则、灵活的评价方式和有效的评价结果而受到教育界的推崇。尽管表现性评价在教育评定中没有一个统一的定义，美国教育评定技术处将其描述为一种评价方法，教师通过学生解决问题的答案和展示的作品来判断其所获得的知识和技能。这种评价方法的核心是其真实性，强调评价任务与现实生活中的任务之间的相似性，以及对学生全面能力的综合评价。这种评价方法通过以下三个核心层面重新定义了学习评价的本质和目标，从而为学生提供了一个更加丰富和深入的学习环境。

（1）表现性评价要求学生创造解决问题的方法，而非简单选择预设的答案，极大地激发了学生的创新思维和批判性思考能力。在初中阶段的历史教学中，这意味着学生可以通过分析历史事件来构建自己的理解和解释。比如，在探讨历史事件"罗马帝国的衰落"时，学生不仅需要复述历史事实，还需要分析多种因素，如政治腐败、经济问题、外部入侵等，并提出自己的见解。这种方式有助于学生深入理解历史的复杂性，同时培养学生的综合分析和解决复杂问题的能力。

（2）表现性评价强调教师对学生行为的观察和记录，这增强了评价的描述性和综合性，也使得评价更加客观和全面。在历史教学中，教师可以通过观察学生在小组讨论中的互动、论证的构建以及对不同历史解释的批判，评估学生的参与度和思维深度。通过这种方法，教师更准确地了解了学生的学习进展和挑战，从而提供有针对性的指导和支持。

（3）表现性评价的目标在于促进学生在实际操作中的学习和能力发展。通过参与评价过程，学生不仅学习知识本身，更学习如何学习，如何通过自我评估和反思改进自己的学习策略和方法。例如，历史项目的研究要求学生自行选择研究主题、收集资料、分析信息并呈现结果，在整个过程中学生需自我设定目标、评估进展并进行调整。这样的学习过程加深了学生对历史知识的理解，有助于培养他们的自主学习能力和终身学习的习惯。

三、表现性评价的特点

（一）兼顾结果与过程

表现性评价在教育评价领域中突出了对学习过程和结果的同等重视，这一点与传统的纸笔测试形成了鲜明对比。纸笔测试往往侧重评价学生在特定时间点对特定知识点的掌握情况，其结果通常反映在一个具体的分数上。然而，这种方式可能无法全面体现学生在学习过程中的思维发展、解决问题能力和实际操作技能。

表现性评价通过要求学生完成复杂的、多学科相关的实际学习任务，强调在任务完成过程中对学生的评估。其包括最终的成果，也重视学生如何达到这些成果的过程。在历史教学中，学生可能被要求分析一系列历史事件的因果关系，并在此基础上预测未来的历史发展趋势。这种评价形式考量学生对历史知识的理解能力、批判性思维能力以及将历史知识应用于解决实际问题的能力。通过这种方式，表现性评价衡量了学生的知识水平，更重要的是评估了他们使用这些知识解决问题的方法和过程。

（二）强调真实性

表现性评价的强调评价任务的现实性，这意味着评价内容和方法都应尽可能地接近或反映真实生活中的情境。这种评价方式旨在确保所学的知识和技能能够直接应用于学生的日常生活和未来的职业实践中，从而提高学习的效率。

设定与实际生活紧密相关的评价任务，不仅可以评价学生对理论知识的掌握程度，还可以评价其将这些知识应用于实际情境的能力。在历史教学中应用表现性评价，教师可要求学生扮演一个历史人物，在模拟的历史环境中作出决策。学生需要根据历史背景和人物特性，解决具体的历史问题，如贸易冲突、战争或政治改革等。这种评价方式既测试了学生对历史事件的知识掌握程度，又考查了他们在类似情境下运用这些知识的能力。这样的评价反映了学生的综合素质和能力，使学习成果更加具有实际应用价值。

（三）评价标准明确

为确保表现性评价的有效性和公正性，教师必须建立一套明确的、可操作的评价标准。这些标准应详细说明完成每项任务所需达到的具体要求，从而帮助学生明确目标，也使教师能够根据客观标准进行评估。在历史教学中，评价标准可以包括对学生在理解历史概念、分析历史材料、批判性思维、历史事件解释和历史写作等方面的具体要求。例如，如果任务是分析某个历史事件，评价标准会包括对历史背景的准确描述、对主要人物和事件的深入理解、事件影响的多角度分析等方面。通过这些明确的标准，学生可以更好地理解评价的目的和方向，教师也能更公正地评估每位学生的表现。

四、表现性评价的优势与局限性

（一）表现性评价的优势

1. 有利于评价高级思维能力

表现性评价的核心优势之一是可以评价学生的高级思维能力，特别是评价学生解决实际问题、批判性思考和表达自我的能力。表现性评价通过设计与现实生活紧密相关的复杂任务，激发学生的学习动机，提高他们的参与度和投入感。例如，在历史教学中，教师可以设计一个任务，要求学生分析某一历史事件的多个因素，并提出自己的见解，如评估不同历史人物的决策对事件的影响。这样的任务可以考查学生对知识的掌握情况，评估他们如何综合信息、进行批判性分析并有效表达自己的观点。

2. 有利于评价解决实际问题能力

表现性评价的一个显著优势是有助于评价学生综合运用所学知识解决实际问题的能力。传统的标准化测验通常在人工或抽象的测验环境中进行，其结果往往无法充分反映学生在真实世界情境中应用知识的能力。表现性评价通过设置模拟真实或完全真实的情境，要求学生运用他们的知识解决实际问题，从而更准确地评估他们的解决问题能力和知识运用能力。表现性评价在历史教学的应用中，要求学生分析一个历史事件并提出解决方案，如评估一次历史冲突并建议预防类似事件的策略。通过这样的评价，学生需要回顾和理解历史知识，展示他们如何将这些知识应用于分析和解决现实问题。这种评价形式有助于学生理解历史学科的现实意义，并激发他们运用历史知识解决当代问题的兴趣和能力。

3. 有利于优化教学过程

表现性评价在教学过程中的应用也具有显著优势，它有助于优化和整合教学活动，使教学更为有效。通过在历史教学中嵌入表现性评价，教师可以为学生提供多样化的展示自己知识和技能的机会，从而能够即时观察和评估学生的学习状态和进展。这种评价方式增加了学生参与和投入的程度，而且通过合作学习和小组讨论等教学策略，增进了学生间的互动和学习的社会性。在这一过程中，教师能够提供及时的和鼓励性的反馈，帮助学生理解他们在学习过程中的成就与不足，同时指导他们如何改进和提高。这种教学和评价的融合不仅让学生更清楚自己的学习目标，还使教师能够根据学生的表现调整教学策略，使教学更加符合学生的需要。表现性评价使历史教学过程不再仅是知识的传递，而是变成一个互动、反思和连续进步的过程，极大地增强了教学的动态性和适应性。

（二）表现性评价的局限性

1. 资源成本和时间成本高

表现性评价虽具有多方面的教育价值，但其实施过程中的资源成本与时间成本高是一个不容忽视的问题。由于这种评价方式要求高度的综合性和实际应用性，所以，开发相应的评价任务和实施评价活动就需要大量的时间和精力。在准备阶段，教师需要设计出既能真实反映学生能力又具挑战性的任务，这些任务往往涉及复杂的情境设定和多维度的能力测评。此外，在评价过程中，教师在评分时需要制定和完善评价标准，还需要处理评分者之间可能出现的分歧，确保评价的公正性和一致性。随着评价的深入，评分标准也需不断回顾和调整，这些都大幅增加了教师的工作负担。如果学生人数较多，或者表现性任务本身较为复杂，那么教师所需的时间和精力将进一步增加，这会降低使用表现性评价的可行性和频率。

2. 可信度不够高

与客观题型的标准化测试相比，表现性评价的局限在于其信度问题。由于表现性评价通常涉及主观判断，评价的一致性和可靠性往往较难以保证。评价标准的主观性可能导致不同评分者之间在评分时出现显著差异，这种差异会影响评价结果的公正性和准确性。为了提高表现性评价的信度，教师和评分者之间需要就评分标准进行充分的沟通和一致性训练，确保每位评分者都能依据相同的标准进行评分。此外，评分者还需定期对评价标准进行修订和优化，确保其与评价目标的对应性和现实应用的相关性。这些措施可以在一定程度上提高表现性评价的客观性，使其成为一个可靠的评价工具。

3. 具有样本限制性

表现性评价虽然能够深入考查学生的实际应用能力和综合思维能力，但其在任务设计和实施中的资源密集性导致了其只能应用于数量有限的任务。这种局限性意味着评价只覆盖学生能力的一小部分，而无法全面反映学生在更广泛的学科内容和技能上的掌握情况。因为每项表现性任务都需要大量的准备和评价时间，所以，教师通常无法在常规的教学周期内频繁使用这种评价方式。因此，从这些有限的任务中得出的评价结果不足以代表学生的总体学习状态和能力水平。

由于表现性任务的设计通常针对特定的学习目标和能力，所以这些任务无法涵盖课程中的所有重要知识点和技能，导致评价结果在内容的广度上受限。这种局限性会影响教师对学生学习成果的全面理解，进而影响教学调整和学生学习支持的有效性。

第二节 表现性评价的分类

表现性评价可以分为多种类型，学生课业评价中通常采用的表现性评价主要有以下六种类型。

一、口头报告与答辩

口头报告与答辩作为表现性评价的一种方式，能够评估学生的表达能力和逻辑思维能力，极大地增强了学生在实际交流场景中的适应性和应变能力，特别适用于历史教学。学生需要深入理解历史内容，并能够清晰、有条理地向听众解释这些知识。在答辩环节，学生需要在现场对教师和同学的提问进行响应，这检测了他们的即时反应能力，也考验了他们对历史材料的深入理解和个人观点的阐述能力。

在进行历史课程的口头报告和答辩时，学生通常需要选择一个特定的历史事件或人物，对其背景、发生的经过、影响以及相关争议进行全面分析。例如，学生被要求分析法国大革命的原因、过程及其对现代社会的长远影响。通过口头报告与答辩，学生不仅能展示他们的历史知识和理解能力，还能通过回答听众的问题展示他们对问题多角度的看法和批判性思维能力。口头报告与答辩还能显著提升学生的公共演讲技能，在学术会议或公开讲座模拟的环境中，学生需要在众人面前清晰、自信地表达自己的观点，这对于提高他们的自信心和沟通能力极为重要。通过不断练习和反馈，学生逐步改进了他们的表达方式，学会如何更有效地与听众交流，并在未来的学术或职业生涯中更好地应用这些技能。这种综合性的技能培养，使得口头报告与答辩成为表现性评价中一个宝贵的教学工具。

二、项目调查

项目调查作为表现性评价的重要组成部分，能够深入探索和发展学生的综合能力。通过实际项目的设计与实施，可以测试学生的学科知识，还能培养学生实际问题解决的能力、创新思维和团队合作精神。在历史教学中，教师可以安排学生进行一个关于特定历史时期或事件的深入研究项目，如调查古代货币的发展演变。学生需要团队合作，使用多种历史资料和研究方法来探索主题。

在这样的项目调查中，学生需要运用他们对历史的理解分析事件的复杂性，还需要展示他们的项目管理能力——如何有效地分配任务、合作解决问题，以及如何组织和呈现研究成果。项目调查区别于传统的书面考试，其将学生学习的重点放在如何将历史知识应用于具体的、现实的问题上。例如，如果学生正在研究某个重要历史人物的影响，他们可以创建一个多媒体展示网页，包括视频访谈、时间线和关键事件的分析，来展示这位人物如何塑造历史进程。项目调查强调了学习的过程性，鼓励学生积极参与、主动学习。学生在项目中承担各自的责任，从计划到执行，最终到评估阶段。这种全方位的参与有助于培养他们的自主学习能力和批判性思维能力。此外，团队项目特别有利于发展学生的沟通技巧和团队精神，因为他们需要与其他团队成员协调一致，共同努力实现项目目标。

三、角色扮演活动

角色扮演活动在历史教学中的应用为学生提供了一个独特的机会，让他们可以通过模拟历史人物或事件深入理解历史的复杂性和多样性。角色扮演活动能有效地将抽象的历史知识转化为具体和生动的学习体验。例如，历史教师可以设计一个关于"法国大革命"的课程，让学生扮演路易十六、罗伯斯庇尔、普通市民或者革命士兵等不同的角色。通过模拟一个政治会议或者革命活动，学生需要基于他们角色的历史背景和社会立场发表意见和做出决策。角色扮演活动能帮助学生加深对事件的历史背景、关键人物和主要争议的理解，还能锻炼他们的批判性思维能力和同理心。学生在扮演过程中需要深入研究和思考他们的角色持有的观点和感受，这种深层次的角色理解过程能够促使学生从多个不同的视角看待历史，了解历史事件的复杂性和多维性。

角色扮演活动通常需要学生准备演讲、辩论或进行群体讨论，这些活动有助于提高学生的公共演讲能力和沟通技能。此外，通过在安全的课堂环境中模拟历史冲突或重大决策，学生能够更好地理解历史人物的行为动机和时代背景，从而在未来的学习和生活中可以轻松地理解复杂的人际关系和社会动态。

四、小论文写作

小论文写作作为表现性评价的一种方式，强调对学生的高阶思维能力进行评估，包括分析、批判、解释、总结和评价。小论文写作能够深入测量学生对特定主题或问题的理解程度，以及他们在表达自己观点和逻辑论证时的清晰性和批判能力。在初中历史教学中，若教师要求学生撰写一篇关于"冷战的原因与后果"的小论文，那么学生需要在小论文中描述事件，还要分析其复杂的政治、经济背景，评价不同历史观点，并提出自己的见解。

在这样的小论文写作任务中，学生能够展示他们对历史事件深层次的分析能力和批判性思考。小论文写作还能检测学生在信息整合和学术写作方面的技能，如如何有效使用历史证据支持自己的论点，以及如何在保持学术严谨性的同时展现内容的新颖性。小论文写作对于培养学生的历史研究能力和综合运用所学知识解决问题的能力尤为重要。

五、学习日志

学习日志是另一种表现性评价工具，它让学生在持续的学习过程中记录和反思自己的学习活动。通过这种方式，学生可以详细记录他们的学习过程、思考、感受和成果，从而帮助教师评估学生的学习进展和个人成长。例如，在初中历史教学中，学生可以创建一个关于特定历史时期或事件的学习日志，如研究"工业革命期间的社会变革"。在这个学习日志中，学生可以记录他们对课堂讲授内容的理解、关于工业革命的个人阅读和研究，包括对重要发明、社会变化和经济影响的分析。学生还可以记录与同学的讨论情况，反思这一历史阶段的意义以及与当今世界的联系。学习日志帮助学生整理和巩固知识，还促使他们主动探索和建立个人与历史之间的联系，促进深入学习和持久记忆。

六、科学实验

虽然科学实验通常与自然科学教学密切相关，但其概念和方法也可以灵活应用于历史教学中，特别是用在探索历史现象和验证历史理论的过程中。例如，历史教学中的"实验"涉及对特定历史事件的模拟或重现，使学生能够直接观察和参与事件，从而更深入地理解历史动态和人物行为的复杂性。在初中历史教学中，这种"实验"可以采取多种形式，如重新演绎历史事件、模拟历史决策过程或构建历史场景。教师可以设计一个关于《十二铜表法》制定前后贵族和平民的对话模拟活动。通过这一活动，学生不仅能够体验成文法出现的意义，还能够直观地看到成文法在当时缓和了贵族和平民的矛盾，有利于罗马共和国发展的优点。

通过这种互动和参与，学生的历史学习不再是被动接受知识，而是一个积极的、参与式的探索过程。历史"实验"还能促进学生的批判性思维和创新思维的发展。在模拟历史事件或决策的过程中，学生需要根据历史背景和人物性格做出选择和判断，这种过程激励学生不仅要重现历史，还要对历史进行批判性分析。

第三节　表现性评价的实施

在任务学习的表现性评价中，评价目标必须在一定的学习任务中才能表现出来，设计、实施好一个任务学习的表现性评价是有一定难度的，因为既要确定合适的表现性学习任务，又要找出合适的评价标准以及编制每一个标准的评分表，这些都需要严谨地思考。

一、确立评价目标

确立明确的评价目标是表现性评价成功实施的第一步，也是关键一步。这一过程涉及综合课程标准、教学内容和学生的实际表现，确保评价的目标不仅广泛涵盖知识与技能，还包括学习过程、方法、情感态度与价值观等多个维度。在历史教学中，这意味着教师需要明确学生在学习特定历史课程时应达到的具体能力，如历史事实的掌握程度、历史事件分析能力、批判性思维能力以及对历史价值的认识和态度等。例如，如果教师准备对学生进行关于"'二战'历史"的表现性评价，那么评价目标可包括学生对关键战役的了解、对不同国家角色的理解，以及能够批判性地分析战争的原因和结果。这些目标将直接影响评价的设计，选择何种类型的表现任务，如口头报告、角色扮演、辩论等来有效地检测这些能力。在具体实施表现性评价时，调整和明确地呈现评价目标也是至关重要的。这一步骤确保所有参与者——无论是教师还是学生都清楚评价的具体要求和标准，从而确保评价过程的透明性和公正性。在历史教学中，根据不同的教学阶段和评价形式，如过程性评价和终结性评价，评价的侧重点有所不同。在过程性评价中，教师更应关注学生在探索历史事件时的参与程度和思考深度，而在期末这种终结性评价中，教师则需要全面评估学生对整个历史时期的综合理解和记忆。

二、设置评价任务

表现性评价任务设置的每个任务都必须有代表性地反映出评价的目标，这意味着每个任务都应具备能够全面检测学生在某个学科或能力上的代表性特征。在历史教学中，如果评价目标是评估学生对历史事件因果关系的理解能力，那么设计的任务应当能够引导学生展示他们如何连接不同的历史事件，并分析这些事件之间的相互影响。此类任务要求学生回忆事实，还要求他们展现出分析和推理的能力。

表现性评价任务还应提供足够的机会来评估学生的思维过程和方法，而不仅仅是一个简单的答案。因此，任务应该是开放性的，允许多种可能的解答，能够展示学生的思维过程和创新能力。比如，一个评估某个重大历史决策影响的任务，不应该只有一个"正确"的答案，而应该允许学生基于不同的历史视角和证据提出多种解释和结论。

在设置表现性评价任务时，还需要进行创设情境。这一关键步骤涉及选择一个有意义的问题或重要的历史主题，并围绕这个主题创建一个背景性的剧情，使任务具有学术挑战性，且与现实世界或历史实际相联系。例如，教师可以让学生在模拟的历史背景下，如第二次世界大战结束后的国际关系重组，扮演不同国家的领导人，制定和维护他们的外交政策。同时，为确保学生能够正确地理解任务要求并按照预期的方式回应，任务的指导必须用清晰的语言表述学生所需知道的信息和预期达到的行为。这些指导应详细说明任务目标、预期成果和操作步骤，帮助学生在完成任务时能够有序地组织和表达自己的思想。

三、确定评价标准

在实施表现性评价中，确定科学合理的评价标准是确保评价效果的关键。评价标准需要全面覆盖学生在学习过程中的表现，且应具备激励学生向更高目标努力的功能。评价标准首先应该反映学生的学习过程，而不仅仅是最终的学习成果。这种过程性评价能够提供学生学习行为和思维方式的直接观察，使教师能够更准确地把握学生学习的动态变化，并及时调整教学策略以适应学生的需要。

在历史教学中，评价标准可以包括学生在分析历史事件时所展现的批判性思维能力、信息整合能力以及历史解释的多样性。教师可以观察学生在解释某一历史事件的多个因素时，是否能够运用多角度的视野，是否能够联系相关历史背景和理论，以及他们在讨论中是否展现出深入的理解和独到的见解。

评价标准的制定还应遵循激励性原则，即通过评价过程激发学生的学习兴趣和提升学习动力。评价标准的制定应使学生感到学习活动是有意义的，能够激励他们投入更多努力去探索和学习。在历史教学中，激励性的评价标准包括对学生在历史探究项目中所表现出的创新性和独立思考能力的鼓励。当然，评价标准的制定还必须考虑到实际教学和学生的具体情况，这意味着评价标准应该根据学生的实际能力和教学内容的特点进行调整，确保评价既公正又具有挑战性。在处理复杂的历史议题时，如"评估冷战时期各国的外交策略"，评价标准应该包括学生对相关历史背景的理解、分析和应用的能力。通过这种方式，评价促进了学生对历史知识的深入理解，也促进了他们分析问题和解决问题的能力的发展。

四、开展表现活动，收集表现信息

在表现性评价中，开展具体的表现活动并系统地收集表现信息是确保评价有效性的关键步骤。为了全面评估学生的综合能力，教师必须在学生参与表现性任务的整个过程中进行细致观察和记录。这不仅包括学生的直接学术表现，如答辩的质量、项目报告的深度和广度，还涵盖了学生的间接表现，如参与度、合作态度和问题解决策略等。在初中历史教学中，如果学生参与一个关于"美国独立战争"的角色扮演活动，教师需要记录学生在活动中的具体表现，如他们如何表达自己的观点、他们在团队中的协作方式，以及他们对历史事件的理解和分析的深度。为了确保所收集的信息能够真实反映学生的能力和表现，教师应使用多种工具和方法观察和记录学生的表现，包括视频记录、音频记录、观察日记、同伴评价和自我评价等。通过多角度、多方式的记录，教师可以获得更全面的数据支持最终的评价决策。例如，在关于"宋太祖强化中央集权"之"黄袍加身""杯酒释兵权"的角色扮演中，教师可以录制表演过程，充分记录每个学生的表演动作和神情。

量表是一种收集表现信息的重要工具，是用于在教学过程中收集和分析学生学习成果的科学方法。通过量表观测，教师可以获得定量的数据，这些数据有助于科学地呈现学生对特定学习目标的掌握程度。量表通常包括一系列的评分标准，针对不同的能力层次或学习目标进行量化，使得教师能够客观地评估学生的表现。例如，在历史教学中，教师可以使用量表评估学生对某一历史事件的理解程度、分析技能和批判性思维能力。量表不仅能帮助教师进行日常的成绩评定，还能在长期的学习过程中跟踪学生的进步和成长。教师利用量表积累足够的数据，可以分析学生在特定学科领域内的强项和弱点，进而调整教学策略和学习活动，以更好地满足学生的学习需求。

五、评定学生表现

表现性评价的核心在于质性评价，重点关注学生在学习任务中的表现和发展，而不是通过分数评定学生的学习成果。这种评价方式通过观察、访谈、调查等多种手段，深入了解和描述学生在完成特定学习任务中表现出的各种能力和特质。在历史教学中，表现性评价涉及对学生进行角色扮演或历史场景重现的观察，教师会评估学生如何利用历史知识解决问题、他们的批判性思维能力如何以及他们如何与他人合作解决复杂的历史议题。这种评价方式使教师能够获取关于学生学习过程的详细信息，从而更好地理解学生的学习需求和进步。通过质性评价，教师可以识别学生在学习过程中遇到的障碍，评估他们的学习态度和情感发展，以及他们对学习材料的吸收和应用能力。这不仅可以帮助教师调整教学策略，以更有效地支持学生的学习，还促进了学生对自己学习过程的认识，增强了他们的自我调节能力。

六、反思评价结果

在表现性评价流程中，评价后的反思是一个至关重要的环节，它关乎评价的持续改进和教学的自我提升。这个阶段不仅是学生对自己的学习过程和成果进行深入分析的时刻，也是教师反思教学方法和评价策略的关键时期。对于学生来说，这意味着要系统地回顾自己在表现性任务中的表现，评估自己在知识掌握、技能运用和态度展示等方面的强弱点。在历史教学中，学生通过反思可以更清楚地认识到自己在理解历史事件、分析历史人物或论证历史论点方面的具体成就和不足。教师的反思则涉及对整个教学和评价过程的回顾，检视哪些教学策略有效，哪些需要调整，如何能更好地满足学生的学习需求。教师通过分析学生在表现性评价中的表现来获取教学策略的反馈，从而调整课程内容、教学方法和评价标准。这种自我反思不仅能帮助教师提高教学质量，也是推动教育创新和教学实践持续改进的动力。

　　在表现性评价中，构建一个有效的反思循环是提高教学质量的关键。这需要教师设计明确的反思指导活动，帮助学生通过具体的问题引导或反思日志详细记录和分析自己在学习任务中的表现。同时，教师需要定期组织反思会议，让学生有机会分享自己的学习体会，相互学习和启发。教师也应参与这一反思过程，如通过同事间的协作和专业发展活动，共同探讨教学方法和评价策略的效果。这种专业的交流和合作不仅增强了教师的教学能力，也为学生创造了一个更加丰富和支持性的学习环境。通过这样的评价后反思，整个教学质量能够不断提高，更好地满足学生的教育需求，实现教育活动的根本目的——促进学生的全面发展和终身学习。

第七章

关注主体发展，实施发展性评价

第一节　发展性评价概述

一、发展性评价的基本理念

（一）评价主体互动化

发展性评价强调评价过程的互动性，即评价是教师对学生的单向评估，也是一个涉及多方参与者的交互过程。这种方法的核心在于通过双向选择、沟通和协商增强参与者在评价过程中的参与感和认同度。这种评价方式注重的不单是评价结果的正确与否，更重要的是被评价者对评价结果的接受度和评价结果对其个人发展的实际影响。教师、学生、家长及其他教育利益相关者可以通过定期的家长开放日、学生的公开答辩会等活动，共同参与评价过程。互动化的评价体系鼓励并实现了自评和互评的广泛应用，这不仅有助于教育者和学习者从不同视角理解学习进程，还有助于构建一个开放和包容的学习环境。学生通过自评可以更好地认识自我，通过互评可以学习如何公正地评价他人，增强批判性思维和社会互动技能。这种多角度的评价机制能够更全面地反映学生的综合表现，促进他们全面而平衡地发展。

（二）评价内容和评价方法多元化

发展性评价还体现在评价内容的多元化上，这种评价方式跳出了传统的学术成绩单一评价，强调对学生综合素质的全面考察，包括学生的创新精神、实践能力、心理素质、学习兴趣以及情感体验等多个方面。通过关注学生的多方面能力，教育者可以更加注重学生的全面发展，帮助他们认识和接纳自己，建立自信。评价方法的多元化也是发展性评价的一个重要方面。传统的笔试和书面测试往往只能评估学生的知识层面，而发展性评价采用更为先进和多样的评价手段，如行为观察、情境测验等，这些方法能够更真实地反映学生的行为表现和实际操作能力。通过模拟实验或项目任务，教师可以直接观察学生在实际操作中的表现，从而更准确地评估他们的实践技能和解决问题的能力。

（三）评价贯穿整个教学过程

在教育过程中，评价不仅是教学的一个补充，也是与教学并行的一个不可分割的核心组成部分。评价不是在学习活动之后作为一个独立的阶段出现，而是贯穿教学的每一个环节，从课程开始到结束持续不断地进行。发展性评价的目的是通过持续的、形成性的反馈机制支持和增强学习过程，使评价成为学习活动的有机部分。在历史教学中，评价可以在学生探索一个历史事件时即刻进行，教师可以根据学生的讨论和活动表现即时提供反馈，指导学生深化理解和培养批判性思维。

将评价与教学过程相融合意味着教师需要设计能够促进学习的评价活动，这些活动应当激发学生的思考，促进他们主动学习。评价活动的多样化能够触及学生的多种学习方式和智力领域，如通过小组合作项目、个人研究、演示或者自我评估等多种形式进行，这样可以确保所有学生都能在适合自己的方式中得到成长和提升。

（四）评价旨在促进发展

发展性评价的根本目的是促进学生的成长和发展，而不仅是测量或检查学生的表现。这种评价方式提供的是对学习过程的深刻洞察和有价值的信息，它帮助学生理解自己在学习过程中的位置，以及明白自己的强项和需要改进的地方。通过提供这些信息，评价成为一种教育工具，其核心功能是提高学生的学习效率，激发他们对学习的兴趣和动力，从而支持他们的持续发展。

在实际操作中，教师应当根据评价结果调整教学策略，以更好地满足学生的学习需求。如果评价发现学生在理解某个历史事件的原因和结果上存在困难，教师可以采用更多的案例研究和讨论帮助学生建立连接和深化理解。同时，评价结果也要用来激励学生，让他们看到自己的进步，从而增强自信心和学习动力。

二、发展性评价的主要特征

（一）具有目标导向性

发展性评价的特征体现在其明确的培养目标和具体的阶段性发展目标上，这是确保教育活动有效性的关键。这种评价方式设定总体的教育目标后将其细化为可操作的、阶段性的目标，旨在指导学生逐步实现更高层次的学术和个人发展。在一个为期一个学期的历史课程中，教师会设置从基础的历史知识掌握到深入的历史分析和批评的多级目标。每一个阶段的目标都是建立在之前学习成果的基础上，确保学生在理解复杂概念之前有坚实的基础。发展性评价中的目标涉及学生的学术成就与学生的情感、社交和道德发展。这些目标通过具体的教学活动和相应的评价策略实现，如通过小组合作提升团队协作技能，通过角色扮演增强学生的同理心。有导向性的目标设置使得发展性评价能够全面衡量和支持学生的全面发展，不局限于认知层面。

（二）注重方法多元化

发展性评价强调评价方法的多样化，认为不同的评价工具和方法可以提供更全面的学生发展数据。这种多元化的评价方法包括但不限于传统的笔试和口试，更广泛地应用项目评估、自我评估、同伴评估以及非正式的日常观察。教师可以使用项目基础评估评价学生在实际操作中的应用能力，如使用电子作品集跟踪学生在一段时间内的学习进展，或者通过课堂讨论的形式评估学生的批判性思维能力。发展性评价方法的多样性不仅有助于捕捉学生在不同学习情境下的表现，还能够适应不同学习风格和能力的学生，确保每个学生的能力都能被公正地评估和识别。这样的多元化评价策略增强了评价的有效性，使评价更加个性化，包容性更强。

（三）关注个体差异

发展性评价在实践中强调适应和尊重每个学生的个体差异，这不仅表现在学习上，还表现在深入学生的情感和社会交往层面上。在具体教学活动中。在初中阶段的历史教学中，发展性评价要求教师深入了解每位学生的学习历史、个人兴趣及其对不同学习内容的独特反应。比如，教师可能会发现某些学生对冷战历史特别感兴趣，而其他学生更关注古代文明。基于这种认识，教师要设计差异化的教学计划，为不同兴趣的学生提供定制化的学习材料和探索项目，从而更好地激发学生的学习热情和主动性。

考虑到学生在情感表达和社交能力上的差异，发展性评价还涵盖对学生如何在小组活动中互动、如何在面临挑战时调整情绪等方面的观察和支持。发展性评价聚焦于学生的学习表现，注重学生的个人成长和培养社会适应能力。教师通过持续地观察和反馈，帮助学生认识和优化自己在团队中的作用，增强其解决冲突和建立有效沟通的能力。

（四）强调学生的主体作用

发展性评价强调学生的主体作用，促使教育活动成为一个教师和学生以及其他教育工作者共同创造的过程。这种评价方式鼓励学生要在学习过程中承担责任，在评价自己的学习成果时承担起主导角色。只有参与制定学习目标、评价标准和评价过程，学生才能够更好地理解学习目的和评价的意义，从而使学习变得更加高效，目标变得更加明确。

发展性评价通过引导学生进行定期的自我评价和反思，帮助他们发展批判性思维和自我调节能力。这种自我评估包括学术成就的自我检查，以及对自己学习策略、时间管理和情感调节的评估。例如，学生在完成一个复杂的历史项目后，通过反思自己在研究、写作和呈现过程中的表现，可以识别自己在信息整合、论证构建和表达清晰度上的优势和不足，据此调整自己的学习方法和策略。发展性评价还特别重视学生在评价过程中的社会互动。通过小组讨论、同伴评估和协作项目，学生可以在实际的社会交往中学习如何表达自己的观点、倾听他人的意见，并通过协商解决分歧。这种互动不仅增强了学生的社交技能，也使他们能够从多个视角审视问题，从而达到更全面地理解和评价。对此教师可以设计一个团队项目，要求学生共同研究一个历史事件，并从不同角度呈现研究成果。项目结束后，每个小组成员不仅要对自己的贡献进行自我评价，还要对其他成员的贡献进行评价。这样的评价活动不仅提升了学生对学术内容的理解，更重要的是还促进了学生之间的合作和对社会互动的理解。

三、发展性评价的原则

（一）发展性原则

发展性原则在发展性评价中的核心作用是推动学生的全面发展，而不是仅作为区分学生能力高低的标准。这一原则强调，评价应跳出简单的成绩归类，转而关注如何通过评价促进每个学生的成长和学习进步。在实际应用中，这意味着教师需要设计能够反映学生学习进程的评价方法，诸如持续的形成性评价，这种评价能够提供即时反馈，帮助学生及时了解自己在学习过程中的表现和存在的问题。

发展性原则认为每一次评价都不应只是对已完成学习活动的总结，而应成为指导学生未来学习的起点。例如，在完成一个项目或学习单元后，教师应该利用评价结果帮助学生设定新的学习目标，明确下一步的学习重点和改进方向。这种方式确保评价结果被有效利用，成为学生学习动力的源泉，推动他们在认识和技能上持续进步。

（二）学生中心原则

学生中心原则在发展性评价中意味着所有评价活动都应以学生的学习需要和利益为中心。评价的设计和实施必须围绕如何支持学生有效学习进行，确保评价活动直接服务于学生学习目标的达成。这要求教师在设计评价体系时深入了解学生的学习风格、兴趣和需求，以便创建更加个性化和有意义的评价策略。实施学生中心原则的评价活动应包括多种评价形式，如自我评价、同伴评价和教师的持续反馈，以确保评价多维度、多角度地反映学生的学习状况，避免导向单一的成绩目标。这种评价方式不仅帮助学生认识自身的学习进展，还鼓励学生通过积极地参与和反思增强自主学习能力和批判性思维，从而真正实现学生的主体地位，使他们成为学习过程的主导者。

（三）全面性原则

发展性评价的全面性原则要求教育者扩展评价的范围，包括学生的学习成就及其情感态度、个性品质、兴趣、爱好和社会技能等多个维度。学生是具有复杂需求和多样性的完整个体，而非单一的知识接受者。因此，教育的目标应是促进学生全面发展，帮助他们在多方面实现潜能的最大化。

在实际操作中，全面性原则促使教师设计包含多种评价工具和策略的发展性评价体系，以全方位地捕捉和反映学生的发展情况。例如，在一个综合性的教学项目中，教师不仅可以通过传统的试卷评估学生的知识掌握水平，还可以通过观察学生在小组合作中的互动、通过学生的反思日志了解他们的思考过程，甚至通过艺术作品或表演活动评估学生的创造力和表达能力。这样的评价方式能更全面地理解和支持每位学生的独特需求。

（四）针对性原则

针对性原则在发展性评价中强调评价活动应精确地对应学生的具体学习需要和教学目标。这意味着教师必须深入理解每位学生的学习状况、知识背景、学习风格及其个人兴趣，以便设计能够有效促进其学习和发展的评价方案。针对性原则要求评价不仅反映学生当前的学术水平，还应识别和满足他们未来学习的潜在需求。教师需要根据课程内容和学习目标制订详细的评价计划，确保评价活动与教学内容紧密相关，能够有效地衡量学生对知识的掌握和应用能力。在历史课上，如果学习目标是让学生学会批判性地分析历史事件，那么评价就应设计为考查学生的分析能力和论证能力，而不仅仅是记忆历史事实的能力。通过这种方式，评价活动能直接支持教学目标的实现，确保学生能够在必要的技能上取得进展。

针对性原则还强调将发展性评价的评价结果应用于指导教学实践的调整，以更好地适应学生的需求。这种原则认为评价不应是一个单向的信息反馈过程，而应是一个循环的、动态的过程，其中评价结果被用来不断调整和优化教学策略。通过对评价数据的分析，教师可以识别哪些教学方法有效、哪些需要改进，哪些学习目标已经达成、哪些还未达到预期效果。

第二节　发展性学生评价

一、发展性学生评价的一般流程

（一）制定明确且具体的评价内容和评价标准

在发展性学生评价中，制定明确且具体的评价内容和评价标准是评价过程的基础步骤，对于促进有效教学和学习至关重要。明确且具体的评价内容和评价标准为教师提供了具体的教学目标，也向学生清晰地传达了他们所需达到的学习成就。这一过程要求教师深入理解课程标准，将其与具体的教学内容和学生的学习需求相结合，以制定可操作且实用的评价指标。

在历史教学中，教师需要定义什么样的知识和技能是学生通过学习单元应该掌握的，这些知识和技能的掌握也是要确立的评价内容。这些内容包括对特定历史事件的理解、能够分析历史文献的能力，或者评估不同历史解释的能力。评价标准应清晰明确，如使用"描述"、"分析"和"评估"等动词，这些动词具有具体的行为导向，可以量化学生的学习成果。这些标准不仅指导教学活动的设计，也帮助学生明确学习目标，从而更有针对性地准备和参与学习活动。

在教育教学实践中，从课程标准到评价目标的转化是一个将理论应用到实践的过程，体现了教师对教育内容的深刻理解和运用能力。在这一过程中，教师需要根据课程标准和教学目标制定评价标准，且根据学生的具体情况调整这些标准，确保它们既具有挑战性，又能公正地反映每位学生的实际能力和进步。在制定评价内容和评价标准时，教师需要考虑如何将这些标准细化为可观察和可测量的指标。在历史教学中，如果课程目标是让学生学会批判性地分析历史事件，那么评价标准应包括学生在书面论文中运用证据的能力，以及他们在课堂讨论中展示的分析和批判性思维能力。教师需要通过具体的评价活动，如论文、口头报告或项目作业，收集关于学生达到这些标准的证据。

（二）选择评价方法、设计评价工具

在制定了明确且具体的评价内容和评价标准之后，接下来是选择适当的评价方法和设计相应的评价工具，这些方法和工具必须能够有效地测量和反映学生的学习成果、学习过程以及学习态度。选择合适的评价方法是确保评价结果准确性和有效性的基础，而设计恰当的评价工具则是实现这一目标的具体手段。在选择评价方法时，教师需要考虑哪种方法适合评价制定的学习目标。如果评价目标是测量学生的历史分析能力，那么书面论文或项目报告就是恰当的评价工具，因为它们能够让学生展示其分析和综合信息的能力；对于评价学生的历史知识掌握水平，多项选择题或填空题更为适用。除此之外，为了全面评价学生的学习态度和过程，教师可以采用观察记录、检查学生日志、同伴评价等形式的评价工具。

在设计评价工具的过程中，教师需要确保这些工具能够准确测量学生的学术成绩，捕捉到学生在学习过程中的表现和态度。评价工具的设计还应考虑到易于操作和理解，能够清楚地指导学生。教师应了解评价的焦点。评价表应包含具体的评价指标和标准，清晰地描述每个评价维度，如"学生能够准确识别和分析历史事件中的关键因素"等。同时，评价工具的设计应适应不同的学习和评价场景。例如，口头报告的评价表应包含评价学生表达能力、内容准确性和逻辑性的指标。在设计过程中，教师还应考虑评价工具的公平性和包容性，确保所有学生都能在评价中被公正对待，特别要考虑学生的不同学习背景和能力。

（三）收集和分析反映学习情况的数据

分析学生掌握基础知识和基本技能的当前水平，是全面评价学生学习所需要考虑的最关键任务之一。在这一任务下，教师需要收集和分析能够反映学生学习过程和结果的有关数据和其他形式的行为表现，并利用这些数据和证据描述学生的学习情况。

1. 收集数据

在发展性学生评价的过程中，收集关于学生学习情况的数据和证据是一个至关重要的步骤。这一过程涉及使用多种评价方法获取广泛的数据，旨在全面了解学生的学习成绩及其发展趋势。为了有效地跟踪和分析学生的学习进展，教师可以在固定的小组或班级环境中进行系统观察和记录，以确保数据收集的连续性和可比性。数据收集不仅限于学术成绩的定量评分，还包括对学生的参与度、兴趣、态度以及其他非认知因素的定性评价。教师可以通过直接观察、检查学生日志、同伴评价以及学生自我评价等多种方式收集数据。这些数据的收集应当是目标驱动的，明确地服务于评价的具体需求，如识别学生在特定历史主题上的理解深度或分析能力。

确保收集的数据全面和准确是进行有效评价的前提。在收集数据时，教师需要细心考虑以下三个关键问题。

（1）收集的数据是否已经覆盖了与学生学习相关的所有关键方面，如学生的知识掌握、技能应用、情感态度等。

（2）收集的数据是否经过适当的分类和组织，以便于进行系统的分析和解读。

（3）这些数据是否能够准确反映学生的学习历程，包括他们的进步和存在的挑战。

为了提高数据的实用性和解释力，教师在收集数据后需要进行合理的汇总和整理，包括将定性数据（如观察记录）与定量数据（如测试成绩）结合起来，使用图表或其他视觉工具展示数据，从而更直观地展现学生的学习状况和学业成就。通过这样的汇总，教师不仅能够发现学生学习的整体趋势，还能识别学生个体的特定需求，进而调整教学策略，优化学习环境。

2. 分析数据

在收集学生学习情况的各类数据和证据后，进行深入和全面的数据分析是发展性评价流程中至关重要的一步。这一阶段的主要任务是通过综合性分析，全面描述学生的学习发展状况，包括他们的进步、挑战和长期发展趋势。数据分析不仅需要关注单次评价收集的数据，还应包括对学生长期数据的纵向分析，以及与其他学生或群体的横向比较。

进行数据分析时，教师应确保分析方法的准确性和适应性。这意味着教师需要在正确的小组环境中对数据进行分析，考虑不同评价工具和方法提供的数据如何相互补充，以及如何集成这些数据形成对学生学习状况的全面了解。在分析历史学科的学生表现时，教师可以综合使用成绩数据、课堂表现观察、学生的自我评价报告以及同伴评价的信息，来绘制学生的学习轨迹和成长图谱。

详细而系统的数据分析应当能够回答以下三个关键问题：是否全面地分析了学生的数据；分析是否揭示了学生的成就趋势以及他们的优势和劣势；分析过程是否采用了适当的方法来确保数据的准确解读。

分析还应当包括对数据的系统性整合，将定量数据与定性证据相结合，以形成关于学生全面学习状况的描述。

在进行数据分析时，对比分析也非常关键。这包括将学生的表现与同年级或相似背景的学生群体进行比较，以及与历史数据的对比，这有助于揭示特定学生或学生群体的表现是否有显著的偏差。通过比较不同历史课堂上学生的学习成果，教师可以发现特定教学方法的有效性，或识别需要额外支持的学生。总结报告的制作是数据分析的最终产品，应清楚地描述各项数据之间的关系，以及这些数据如何集中体现学生的学习情况。总结报告应该设计得易于理解，能够让所有关心学生发展的利益相关者，包括教师、家长、学校管理层，能够快速把握学生的学习状态和需要。通过这种方式，发展性评价的数据分析不仅为学生提供了即时和有效的学习反馈，也为教育决策提供了科学的依据。

二、基于学生主体性的发展性评价

（一）基本含义

基于学生主体性的发展性评价是一种教育评价理念，强调将学生视为学习过程的主体，并通过教育活动促进他们的全面发展。这种评价方法不仅关注学生的学术成就，而且着重于培养学生的自主性、批判性思维能力以及道德责任感。在这种评价框架下，学生被鼓励积极参与学习和评价过程，通过自我反思、同伴互评以及与教师的互动，共同构建知识体系。

发展性评价中的学生主体性教育旨在唤醒学生的自我意识和主体精神，使他们能够在教育过程中发挥主动性和创造性作用。这种教育方法认为，教育不仅是知识的传递，还是个性和能力的培养。通过这种方式，学生不仅可以学习历史事实和理论，而且可以学会从历史中汲取智慧，形成自己的世界观、人生观和价值观。因此，教育过程中的评价活动不应局限于传统的知识水平测试，而应包括评价学生如何将学到的知识应用于实际生活、如何表达自己的思想，以及如何与他人建立和谐的社会关系。

（二）主体性品质

1.感受历史的主体意识

在发展性评价的框架下，培养学生的主体意识是教育的核心目标之一。这种意识让学生认识到自己不仅是历史的观察者，也是历史的参与者和创造者。通过历史学习，学生应该意识到他们的个人命运与历史的大潮密切相关。这种认识使学生能够更深刻地理解历史事件和趋势，将自己视为历史进程中的一员，从而在思考过去事件时，能够从个人和社会的双重视角进行分析和评价。

学生主体意识的培养还包括对历史学习过程的自主性和能动性的认识。学生应该意识到学习历史不仅是接受已有的知识和信息，而且是一个主动的、创造性的思考和理解过程。这种过程要求学生积极地从多种资源中获取信息，批判性地分析历史材料，从而形成对历史现象和历史人物的独立见解。通过这样的学习方式，学生能够发展出对历史的深刻思考，增强他们解读历史、形成个人观点的能力。

2.自主和积极参与的主体行为

自主和积极的参与是发展性评价中尤为重要的学生主体性品质。在历史教学中，这意味着学生能够自主地阅读教材，识别并提炼出关键信息，这是理解历史内容的基础。通过自主阅读和关键词提炼，学生能够构建起对历史材料的初步理解，为进一步的深入学习打下基础。学生还应具备能根据教师提供的线索再现和陈述历史知识的能力。这不仅涉及对事实的记忆，还能够对历史概念和原理性知识进行个人的理解和阐述。这种能力的培养使学生在学习历史时不仅限于表面的记忆，而且能够深入理解并表达其内在的意义和联系。

学生的主体性还体现在能主动参与历史问题的讨论和辩论。这种参与不仅促进了学生思维的活跃，也锻炼了他们的公共演讲和逻辑辩护能力。通过这些活动，学生能够在实际交流中检验和展示自己的历史知识和理解，也能够从他人的观点中获得新的思想，增强自己的历史思维和批判性分析能力。

3. 合作和分享的主体行为

合作和分享是发展性评价中关键的学生主体行为，强调学生在学习历史时的协作精神和资源共享。这种行为不仅有助于构建一个互助的学习环境，也是培养学生社交技能和团队合作能力的重要途径。在历史学习中，这表现为学生能够有效地代表小组表达对特定历史问题的共识，这要求学生在小组讨论中积极参与并汇总各成员的观点。学生应勇于在更广泛的同学群体中陈述自己的历史认识，并开放地接受他人的批评和建议。这种行为不仅增强了学生的自信心，也鼓励他们承认并纠正自己观点中的不足，促进了更深层次的学习和理解。通过在教师的引导下组建合作小组完成具体的历史学习任务，学生能够在实际操作中学习协作与领导技能，同时提高解决复杂问题的能力。

在竞争激烈的学习环境中，共享历史学习资源尤为重要。这种分享精神不仅有助于营造一个开放和包容的学习氛围，还能够通过集体智慧帮助学生更全面地了解历史，从而提高学习效率。

4. 创造性思维的闪光

发展性评价同样重视创造性思维的主体能力，这在历史教学中表现为学生能够展现出批判性思维和开放性态度。具有怀疑精神的学生不会轻易接受既定的历史解释，而会探求新的可能性，这种态度是历史学习深入和全面的基础。从多角度和多层面分析和解释历史现象是发展性评价中重要的能力。

这种能力使学生在面对复杂的历史事件时，能够综合不同的历史材料和视角进行全面分析，从而形成更加深入的历史认识。同时，学生在表达历史见解时，能够融入人文关怀和生命价值，使历史学习不仅限于事实的积累，还关注对人性和社会的深刻理解。

学生应能够综合归纳不同的历史认识，根据自己的分析，作出明智的选择，得出自己的历史结论。这种能力的培养是学生主体性教育的高级表现，不仅体现了学生的历史知识水平，还展现了他们思维的独立性和创造性。通过这些教学活动和评价方式，学生的历史学习可以转变为一个动态、互动和创造性的过程，为他们的全面发展提供支持。

（三）案例分析——"工业革命"的历史教学片段

首先，历史教师展示《曼彻斯特的工厂》这幅画，描述其烟囱林立的工业景象，并引导学生"穿越"回工业革命的初期，想象自己站在充满机器轰鸣声的大工厂中，思考那时的工人们可能有什么样的愿望和梦想。学生积极发言，表达他们对于改善工作环境、提高工资和减少工作时间的期望。

然而，历史教师接着说："尽管工业带来了巨大的生产力释放，但工人阶级面临严酷的劳动条件和机器的威胁。你们能忍受这样的生活吗？"这一提问激发了学生对于社会改革和劳工权益保护的思考，引入了关于工业革命社会影响的深入讨论。

教师要求学生阅读教材中有关工业革命的段落，提炼出描述这一时期科技进步、社会变革和文化影响的关键词。同时，学生分成四人小组，交流各自的理解和见解，直至达成共识。

利用挂图《蒸汽机的发明》，教师详细介绍蒸汽机如何改变工业生产，并问学生："这台机器是如何改变世界的？你们觉得它的发明对当时人的生活有什么影响？"学生被这种直观的展示吸引，积极讨论蒸汽机对交通、工业和日常生活的多方面影响。

其次，学生结合艺术知识，描述《工厂工人》这幅画。描述中，学生不仅讨论了画中人物的表情和环境，还有人戏谑地模仿画中工人的姿态，课堂气氛活跃。

学生深入探讨了查尔斯·狄更斯的作品，交流对他如何描绘工业革命影响的看法，一同朗读狄更斯的经典文段。

最后，教师引发了一个辩论："工业革命是技术的胜利还是社会的挑战？"学生自由发言，展示了对工业革命复杂影响的理解和个人见解。

通过这些教学环节，学生的主体性在历史学习中得到了充分的展示。学生对历史事实有了深入的了解，还通过互动和辩论，体验了基于历史的批判性思维和审美鉴赏。

第三节　发展性教师评价

一、发展性教师评价的概念

发展性教师评价是一种以促进教师个人职业成长和提高教学质量为目的的评价方式。区别于传统的教师评价，其核心在于建立一个双向互动和相互信任的环境，其中教师不仅是评价的对象，也是评价过程的积极参与者。这种评价方式强调评价过程中的教师自我反思，以及教师对自己教学实践的主动改进。通过这种评价，教师能够及时发现并纠正工作中的不足，发挥自身的优势，并不断调整和优化教学策略和目标。发展性教师评价不仅关注教师的教学技能和学生的学习成果，还注重教师个性的全面发展和职业满意度，从而推动教师在专业道路上持续成长和提升。

发展性教师评价的概念最早在 20 世纪 80 年代末期在英国得到广泛应用和发展。这是在对传统教师评价方法进行深入研究和批判的基础上形成的。英国教育界对旧有的教师评价体系进行了全面的调查和比较，通过总结传统评价中合理的元素，并结合成功教师评价的实践经验，构建了发展性教师评价的理论和框架。这种评价方式旨在从理论和方法上提供一个更加人性化、支持性强的教师成长环境。

与此同时，美国也在 20 世纪早期开始使用正规的方法评价教师，但真正的改革是在 20 世纪 80 年代之后开始的，当时美国开始从以任务和决策为中心的评价向以人为中心的评价转变。这种转变强调将教师作为一个完整的人进行评价，关注教师的个性发展和个人需求。美国的发展性教师评价重视在一个充满友爱、信任和尊重的氛围中进行，强调对教师个性的尊重和能力的信任，以及对其职业发展的关心和支持。

为了有效实施以培养学生的创新精神和实践能力为重点的素质教育，并推动教师评价改革，中国需要建立一个与国际教育改革趋势相符，又符合国内实际情况的发展性教师评价体系。这一体系应当能够全面评估教师的教学效果、专业发展、社会贡献以及对学生全面发展的影响。

二、发展性教师评价的内涵

发展性教师评价作为一种形成性评价，主要致力于推动教师的职业成长和提高教学质量，而不是依赖奖惩机制。这种评价方式的核心在于鼓励和支持教师的持续发展，从而帮助实现学校的长远教育目标。其首要特点是学校领导对教师未来发展的重视，确保评价过程中教师能够得到必要的支持和资源，以便于他们在职业道路上不断前进。发展性评价强调评价的真实性和准确性，通过综合多方面的信息和反馈来确保评价结果的客观和全面，避免表面化和形式化的评价。在此基础上，这种评价方式高度重视教师的个人价值、伦理价值和专业价值，认为教师的成长应当与其个人信念和职业道德紧密相连。

发展性教师评价倡导教师与同事进行相互评价，通过同事间的直接交流和反馈，创建一个相互学习和共同成长的职业社区。在评价过程中，教师和评价者将配对合作，共同制订发展计划，并负责实现这些计划，这种合作关系有助于教师更具体地理解评价反馈，并根据反馈调整自己的教学实践。此外，这种评价方式旨在提高全体教师的参与感和积极性。通过扩大交流渠道，教师可以更广泛地分享经验、探讨问题并获得同行的支持。最终，这种评价方式强调长期目标的重要性，通过制订并执行教师和评价者共同认可的评价计划，确保教师评价不仅仅关注即时的教学表现，更关注教师职业生涯的持续发展和完善。

发展性教师评价的核心理念是以促进教师的长期职业发展为目标，通过形成性的评价方法实现。发展性评价区别于传统的结果导向评价，不将评价结果作为奖惩的依据，而是将其作为教师自我提升和职业发展的工具。发展性教师评价注重过程和教师个体的成长，强调在一个支持性和非惩罚性的环境中进行。评价过程特别重视对教师过去表现的全面了解，并结合教师当前的实际情况设定未来的发展目标。发展性评价反映了教师的当前表现，也为其未来的成长路径提供了指导和支持。

三、发展性教师评价的意义

发展性教师评价的意义在于它既是一种促进教师个体成长的方法，也是一种推动学校整体发展的策略。这种评价体系认识到学校的发展需求与教师个人发展需求之间的深度联系，并试图将两者融合，以达到教育的最佳效果。发展性教师评价重视将教师的职业成长与学校的教育目标相统一，确保教师在实现个人职业目标的同时，能有效地完成学校的教育使命和发展计划。

发展性教师评价重视满足教师的高级需求，如尊重和自我实现的需求，这是因为教师作为学校核心资源的一个重要组成部分，其满足感和职业成就感直接影响其教学质量和工作热情。尊重教师的专业性和个人价值，支持他们的专业发展和创新能力，不仅有助于提升教师的工作满意度和自我效能感，还有助于激发教师的创造性和教学热情。通过这种方式，教师能够在保持个人职业生涯持续发展的同时，更好地服务于学校的教育目标和学生的学习需求。教育实践已证明，如果学校能够有效地融合教师的个人需求与学校的战略发展需求，可以促进教师个人成长和提高其职业满意度，还可以提高教师的工作效率和团队协作能力。教师在工作中的积极性、高效率以及良好的人际关系，都是实施高质量素质教育的关键因素。因此，发展性教师评价不仅是评价教师的一种方式，还是一种全面提高教育质量、促进学校和教师共同成长的战略工具。

发展性教师评价的核心理念在于寻求教师个人发展与学校整体目标之间的和谐统一。这种评价方式特别重视教师作为教育活动主体的个体需求和特性，认识到每位教师都具有独特的才能和个人发展需求。学校管理层面对的挑战在于如何精准地调动这些个体才能，使之与学校的发展战略紧密对接。而发展性教师评价提供了一种有效的策略，不是通过简单的奖惩机制，而是通过理解、尊重和满足教师的个人成长需求，促使每位教师在自愿和愉悦的状态下，为学校的目标作出贡献。与传统的奖惩性评价相对立，发展性教师评价强调通过对话、协商和建立共识解决教师与学校之间可能存在的分歧。这种评价方式深入探讨教师的个性化需求，以及这些需求如何与学校的目标相协调。它摒弃了利用外部激励，如金钱和职位晋升来简单刺激教师工作的做法，转而通过满足教师对尊重和自我实现的高层次需求，激发教师的内在动力。此外，这种评价模式还注重维护教师的自尊心和自信心，确保教师在教育过程中感到自己被尊重和自己的价值得到认可。

最终，发展性教师评价会通过民主和法治的框架，保障教师获取与其工作和职业发展相关的必要信息，从而在教师和学校之间建立一个信息透明、沟通顺畅的良好工作环境。这种环境不仅能够减少内耗，而且能够促进学校和教师之间利益的最大化融合，为构建健康、和谐的学校氛围奠定坚实的基础。通过这样的方式，发展性教师评价不仅提高了教师的职业满意度，也极大地推动了学校教育质量的整体提高。

四、发展性教师评价的框架设计

（一）指标体系的设计

发展性教师评价的指标体系深刻体现了教育改革对于教师角色理解的转变，强调了教师评价既是一个评价的过程，又是一个促进教师个人成长和学校整体发展的动态机制。通过这种评价体系，教师的工作被视为一个多维度的职业活动，对教师的评价是从基础素质到职业责任，再到工作成效的全方位评价。

　　这种评价体系的设计和实施需考虑学校的具体情况，体现其灵活性和适应性。每个学校都有其独特的教育环境和文化，发展性教师评价指标体系应当基于学校的实际情况定制，以确保其实用性和有效性。这要求学校领导和管理团队具备高度的敏感性和创造力，以编制出真正反映学校需求和教师发展目标的评价标准。该评价体系强调所有教师的参与，这不仅增加了评价系统的透明度，也提高了教师对评价体系的接受度和满意度。让教师参与评价指标的讨论和修订过程，可以确保评价内容更加贴近教师的实际教学活动，也增强了教师的责任感和归属感。

　　发展性教师评价强调评价者和被评价者的培训，这是保证评价质量和效果的关键。通过培训，评价者和教师可以更好地理解评价的目的和方法，确保评价过程的公正性和科学性。评价培训也能帮助双方建立共同的理解基础，从而在实施评价时能够更加有效地沟通和执行。发展性评价体系的另一个关键方面是其动态性，即评价指标和概念需要根据实际情况不断调整。这种灵活的调整机制确保了评价体系能够持续适应教育环境的变化，响应教师发展的新需求以及学校目标的变化。

1. 素质评价指标

　　发展性教师评价的素质评价指标综合了教师的思想道德素质、文化理论素质和身体心理素质三个关键维度，这些指标全面体现了现代教育对教师全面能力的要求。

　　（1）思想道德素质是教师职业生涯的道德基石。教师的思想道德素质不仅关乎个人职业行为的准则，也直接影响其教学质量和学生的道德发展。教师需要具备坚定的教育责任感，热爱学生，并以身作则。这些道德属性是构成教师职业信念的核心，使教师能在教育实践中充当学生的正面榜样，引导学生形成正确的世界观、人生观和价值观。

　　（2）文化理论素质涵盖教师必须掌握的专业知识和现代教育理念。这不仅包括深厚的学科知识基础，还包括教育心理学、教学方法等多方面的理论素养，以及教师在实际教学中需要掌握的各种技能，如课程设计、表达能力和人际交往能力等。这一维度的强化是为了提高教师的教学质量，使其能够根据学生的具体需要设计和实施有效的教学策略。

（3）身体心理素质强调教师需要保持良好的心理健康状态和身体状况，以应对教育工作中的各种挑战。教师的身心健康不仅影响自身的工作状态，也直接关系到教学活动的氛围和效果。具备坚强的意志品质、高度的自我调控能力以及合作精神，是教师在日常教育实践中能够有效管理课堂、促进学生全面发展的关键。

2.职责评价指标

在发展性教师评价中，职责评价指标是衡量教师日常职业活动的关键标准，它涵盖了教师在教育过程中所承担的各种职责，确保教师能够在多方面有效地服务于学生的学业和个人发展。

（1）育人管理职责关注教师在形成和维持积极学习环境中的角色。这包括营造一个安全、包容且激励性的教室氛围，以及有效地管理学生的行为和互动，确保所有学生都能在一个有利于学习的环境中成长。教师的这一职责不仅限于简单地传授知识，更重要的是通过其日常行为和教学策略，促进学生的全面发展，包括情感、社会技能和道德观、价值观的培养。

（2）教学科研职责突出了教师在知识传递和创新中的职能。这不仅要求教师在教学中应用最新的教育理念和方法，还要求他们参与教育研究，以不断更新和扩展其专业知识。教师需要通过研究活动探索更有效的教学方法，参与学术交流，以及对教育实践进行反思和改进，从而提升教育的科学性和专业性。

（3）协同工作职责体现了教师在学校社区中的合作精神。教师需要与其他教师、管理人员以及学生的家长有效沟通和协作，共同支持学生的学习和发展。这包括参与学校的团队项目，共同制定教育政策，以及在日常教育活动中相互支持。通过这种跨职能的合作，教师能够更全面地了解学生的需求，进而更有效地整合资源，优化教育成果。

3.绩效评价指标

在发展性教师评价体系中，绩效评价指标用于衡量教师的具体教学成果和工作表现，这些指标集中反映教师工作的直接成效和对学校教育目标的贡献。

（1）育人管理成效指标关注教师在育人和班级管理方面的成效。这包括教师如何通过教学活动融入德育元素，以及这些活动如何实际影响学生的品德和班级文化。优秀的教师能够营造积极的班级氛围，使得学生不仅在学业上获得发展，还在道德和社交能力上得到显著提升。教师的管理策略应确保所有学生感受到尊重和信任，公正地对待每一个学生，满足他们的发展需要。这种评价指标强调教师在培养学生综合素质方面的责任和能力。

（2）教学科研成效指标评估教师在教学和科研方面的表现。有效的教学不仅需要良好的课堂氛围和教学策略，还包括教师对教学材料的合理利用和充分的教学准备。此指标也评价教师在制定和执行教学任务时的适当性，包括教学方法的选择和学业成绩的科学评定。在科研方面，显著的成就，如发表的研究论文或参与的研究项目也是评估的重要内容，体现教师在教育科研上也有所作为，能通过研究成果指导实践，提高教学质量。

（3）协同工作成效反映了教师在校园内外如何与同事、学校管理层及学生家长等协作，共同推动教育事业的发展。这包括在教研活动中的参与度、对学校各类组织活动的贡献以及在解决工作中遇到的问题时展现的团队协作精神。教师在协同工作中展现的配合与支持能力，直接影响学校教育环境的和谐与教育成效的提升。

（二）收集评价信息

在设计发展性教师评价框架时，收集评价信息是一个关键的环节，其目的在于获取广泛且多维度的数据，以全面、客观地评估教师的工作表现和职业发展。发展性教师评价强调从多元视角收集信息，确保评价的全面性和客观性。具体的信息源包括以下五个方面。

1. 学校管理人员

学校管理人员信息源包括校长、副校长以及其他学校领导的观点。他们对教师的日常表现有直接的观察和认识，可以提供关于教师职业行为和教学质量的宝贵信息。

2. 教职工

教职工信息源包括同行教师和其他教职员工的看法。同行教师能提供关于专业技能、教学方法和团队合作能力的见解。

3. 学生

学生信息源包括课堂表现、作业、考试成绩和学生对教学方式的看法。

4. 家长

家长可以提供有关教师与学生互动以及教师与家长的沟通效果的反馈。

5. 社区成员和教育行政部门

社区成员和教育行政部门的意见可以反映教师在更广泛的社会交往中的形象和影响力。

根据以上分析可知，在发展性教师评价中，收集信息的方法应当是科学和系统的，以确保所得数据的有效性和可靠性。这包括通过校领导和同行教师对课堂的直接观察来获取评价教学质量的第一手数据，分析教师的教学总结、工作总结、备课笔记、教案以及学校的会议记录和活动记录等文档。此外，评价者通过问卷调查和访谈形式，可以收集来自学生、家长、同事和行政人员的反馈。评价者还应考虑教师的绩效记录，包括考试和测验成绩记录，分析这些数据以评估教师对学生学业成就的影响。这些方法的综合应用不仅提供了全面的评价信息，还确保了评价过程的客观性和准确性。

（三）选择评价方法

在发展性教师评价的框架设计中，选择合适的评价方法是确保评价有效性和准确性的关键。评价方法的选择应基于评价的目的、内容以及评价的可操作性，以确保能够全面而深入地反映教师的教学实践和职业发展。

1. 观察法

观察是获取直接和未经加工的教学实践数据的重要方法。通过直接观察，评价者可以实时捕捉教师在课堂上的教学行为、教学策略及其与学生的互动情况。此外，间接观察，如抽查教师的备课笔记、听课记录等，也是评价教师教学准备和教学深度的有效途径。这种方法强调在自然教学环境中对教师行为的客观记录，从而能够更真实地反映教师的教学实际。

2. 面谈法

面谈作为一种互动性强的评价方法，能够有效地促进评价者与教师之间的沟通，提高评价的参与感和接受度。面谈可以是结构化的，也可以是非结构化的，依据具体的评价需求进行设计。例如，听课后的即席面谈不仅可以让评价者了解教师对自己教学行为的看法和解释，还可以探讨教师对课堂事件的感受和反思。

3. 问卷调查法

问卷调查则提供了一种标准化的数据收集方法，它可以覆盖更广泛的教师群体，获取关于教师教育信念、教学方法、职业满意度等方面的数据。评价者在设计问卷时，将封闭式问题和开放式问题相结合可以有效地平衡定量分析的严谨性和定性数据的深度观察。

（四）进行总结复查

在发展性教师评价的框架设计中，总结复查环节占据了至关重要的地位。这一环节的核心目的是通过对教师评价过程的综合分析和反思，促进教师的持续发展和教学质量的提高。该阶段反映了评价的成果，是对整个评价流程的再认识，以便为未来的教育活动提供指导。

总结复查阶段需要系统地分析教师的自我评价以及从各方面收集到的信息。这一分析包括对教师在教学过程中表现出的优势和不足的全面评估。此外，这一分析也应该探讨这些优势和不足背后的成因，从而更准确地指导教师的未来发展。例如，在评价历史教师时，评价者可以分析其在阐述历史事件、激发学生兴趣，或者使用教学媒介方面存在的特长与短板。撰写的评价报告应具有建设性，提出具有针对性的改进措施和发展目标。报告不应仅仅做出事实上的总结，还应进行深入的价值判断，帮助教师发现自己的发展潜力。例如，报告可以详细说明教师在理解历史概念、教学策略创新，以及与学生互动中表现出的具体优势和需要改进的地方。

　　总结复查环节还包括对教师未来发展的具体安排，如进修的时间、地点及方式，并指导教师如何根据评价结果制订具体的改进计划。同时，复查面谈也是此环节的一部分，通过面谈评价者可以确认教师是否按照计划参与进修活动，其成效如何，从而进一步调整发展目标和教学策略，确保教师能在教育实践中持续成长。

第八章

关注素养考查，实施学业质量评价

第一节　学业质量评价概述

一、什么是学业质量

学业质量是学生在完成课程阶段性学习后的学业表现，它反映了核心素养要求。学业质量标准是以核心素养为主要维度，结合课程内容，对学生学业成就具体表现特征的总体刻画。

二、什么是学业质量评价

学业质量评价是一个综合性的评价体系，旨在全面评估和理解学生在学习过程中的各项成就和能力。此概念最初由教育学者提出，目的在于通过科学和系统的方法，依据教育教学标准，收集和分析学生的学习成果，不仅限于认知层面的学科知识掌握，还广泛地涉及学生的行为和情感发展。按照袁振国教授的定义，学业质量评价（简称为"学业评价"）关注的是学生在接受正规学科教育和个人自我教育后的表现变化。评价的内容不局限于传统的知识和技能掌握，而是扩展到了学生的能力和整体发展水平，包括但不限于解决问题的能力、批判性思维、创新能力以及与人交往的能力等。

根据教育学者的研究，学业质量评价不仅使用量化的测试和考核方法，还包括质性评价方式，如观察、访谈和案例分析等。这种综合评价方法更能全面反映学生的学业成就和发展状况，帮助教育者更好地理解学生在学习过程中的真实表现和深层需求。在实际操作中，学业质量评价以学业质量标准为依据，关注的是学生的核心素养，这是衡量学生学业成就的主要维度。通过这样的评价，教育者能够得到关于学生认知、情感及社交能力发展的全面信息，从而为改进教育教学和促进学生个人发展提供科学依据。

三、学业质量评价的深刻内涵

（一）从考试到评价

在传统教育系统中，考试常被视为一种评价手段，但这种方法往往被限定在狭窄的框架内，主要关注学生的短期学业成绩而非全面发展。这种狭义的考试视角忽视了教育的整体目标，即促进学生的全面和谐发展，结果常常导致应试教育的盛行。这种教育模式强调分数和结果，忽略了学习过程和学生个性的发展。然而，从更广阔的评价角度来看，课程标准应被视为一个全面的评价体系。这一体系详细列出了评价的内容和范围，提供了具体的评价标准和建议，确保考试成为教学过程的有机组成部分，而非孤立存在的评价工具。通过这种方式，考试被重新定义，与整个教育活动的目标和过程紧密相连，不再单一地指导教学，而成为推动教育发展的积极因素。

尽管引入新的课程标准并不能完全消除应试教育的现象，因为考试的存在本质上仍可能鼓励应试的倾向，但是新的评价体系改变了应试的性质，使之成为一种更健康、更积极的教育形态。在这样的环境下，应试不再是为了应付考试而学习，而是为了通过考试更好地理解和掌握知识，从而促进学生的长远发展。

1. 深化考试目标的设定

在教育评价中，关键的起点是深入研究并理解学科的学业质量标准。考试设计者的任务是将这些抽象的教育标准转化为具体、可执行的测量目标。例如，历史课程的标准是要求学生能够使用历史资料独立探究和论述问题。为了有效地评价这一能力，考试设计必须包括与此能力相关且具体的考核目标，并设计相应的题型真实地测量这种能力。

2. 考试内容与教育过程的同步

教育和教学是动态变化的过程，这要求考试内容能够与教学进度和学生的发展水平同步更新。为了确保考试内容既能反映学科的核心素养，又能适应高等教育选拔的标准，考试设计者必须不断地对其进行调整和优化。这种调整不仅响应教育目标的变化，还应考虑学生能力要求的变化。此外，考试不仅是对学生记忆知识的评价，更重要的是对学生的理解、应用和创新能力的评价。即使是考核教材中的基础知识，也应该通过设计新的情境来检验学生对知识的迁移和应用能力，而不是简单地重复教材内容。

3. 提升考试测量工具的科学性与有效性

考试的改革目标始终围绕着其有效性展开。无论是历史上的变革还是当前对高考内容和形式的调整，核心目的都是打造更为精确的测量工具，从而确保考试能够有效地选拔符合社会需求的人才。这种有效性不仅体现在选拔功能上，更关键的是能够精确反映出学生的学科素养和综合能力。新课程标准的推出为考试提供了构建科学测量工具的新机遇。通过明确的学科素养层级划分，考试设计者能够更好地根据不同的评价需求定制考试内容和形式。这种有针对性的设计不仅使考试内容与教育目标更加吻合，而且通过合理的题型和考试结构设计，可以更有效地服务于教学和评价的双重目的。

考试的有效性不仅取决于设计思想和内容的科学性，还依赖测量工具本身的精准度和适应性。在新课程标准下，题型的升级和改造成为提高考试有效性的关键措施。通过创新题型和试卷结构，考试可以更准确地测量和反映学生的学科素养，从而确保考试结果的准确性和教育目标的一致性。这一过程需要评价者在试题设计、试卷结构以及评分标准等方面进行深思熟虑地改革，确保考试工具能够全面而准确地评价学生的真实能力和学业成就。

（二）从能力到素养

能力与素养是教育中不可分割的两个方面，它们相互依赖，相辅相成。能力是素养的具体体现，而素养则为能力的发展提供了方向和内容。没有素养的背景支撑，能力描述会显得表面化和缺乏深度；同理，如果素养缺乏具体能力的支持，则会变得过于抽象和理论化。因此，深入理解两者之间的关系对于教育实践具有重要意义。历史学科在新的课程标准下做出了明显的调整，尤其是在人文素养的层面。新课程标准对素养进行了详尽的描述和层级划分，明确了教学和评价的方向，这是其对教育领域的主要贡献之一。

在历史教育中，素养的考查应全面覆盖三个关键维度：历史的价值观念、必备品格和关键能力。这些维度构成了历史素养考查的核心内容，不仅体现了学科的教育目标，也确保了教育质量的全面性。通过这样的方法，教育可以更有效地培养学生的历史意识和批判性思维，促进其全面发展。

1. 价值观念的核心地位

价值观念在教育评价中占据核心地位，它不仅反映了教育的根本目的，也指导着考试内容的制定。正确的价值观念，如国家观、民族观、文化观和历史观，是构建健全人格的基础。在考试设计中，创设新情境考查学生的价值取向是至关重要的。这要求试题设计得既精巧又有效，能够准确地测量学生的价值观念，使之成为评价过程中的一条连续线索。

2. 品格的重要性与具体化

品格是个体对生活挑战的反应方式，直接影响其行为和决策。在历史教育中，品格教育尤为重要，涵盖了历史思维的品质、以史为鉴的心智水平、家国情怀的情感素质、人文素养的历史内涵，以及批判性思维的能力。历史教育强调将这些必备品格纳入教学和评价范畴，不仅提高了学科的教育质量，也使社会主义核心价值观教育更具体。品格和价值观念虽紧密相关，但品格更侧重个人的实际经验和表现，包含价值观的元素和方法论的成分，需要在历史教育中得到充分体现和评估。

3. 关键能力的阐述

历史学科的关键能力包括一系列基本能力和高级能力，这些能力共同定义了学生在学科中的表现和理解水平。其中解释能力被视为所有历史能力中最为核心的一项。这种能力不仅是其他所有历史能力的基础，也是其最高表现形式。具体来说，历史解释能力包括对事件的时空定位、历史演变的理解、理论的思考与批评、事件的详细叙述与描述、资料的评判与甄别以及历史意义的深入分析。

历史学科的关键能力还涵盖理论能力、释读能力、时序能力、叙述能力、方法能力、评价能力和论证能力。这些能力共同构成历史学习的完整框架，使学生能够全面地理解和分析历史现象。历史能力的培养不仅仅是技能的提升，更是对学生价值观和历史品格的深化，显示了学生如何将历史知识应用于解决实际问题中的能力。在教育和评价中，这些能力的发展反映了学生对历史素养和深层价值观的内化程度，显示了其学养和教育成果的高层次表现。

（三）从注意到着意

试题和试卷的结构设计直接关系到考试的信度和效度。随着新课程标准的实施，命题的环境和要求已经发生了显著变化，这要求试题的设计必须创新，以满足更高的教学和评价标准。从故事情境出发构建试题，意味着试题设计应围绕具体的评价标准进行。通过构建符合实际情境的问题，试题应能深入发掘学科的特点和符合学生的培养方向，同时要能够有效地测试学生的能力。

1. 改造题型

在试题类型的改进上，目前广泛使用的选择题和非选择题仍将是未来的主流形式，但它们的设计必须进行创新以适应新的教学要求。选择题应避免简单的事实陈述，而应通过设计使题目能够考查学生对历史的理解和认知程度。此外，主观题的改革尤为关键，它要求题目能真正反映学生的主观认识，而不仅仅是重复已知信息。主观题的设计应促使学生利用所学的历史知识进行深入的问题探究和历史解释，评价的焦点在于探究的逻辑性、历史论证的深度以及使用的方法和路径。

2. 内容的深度整合

在新课标环境下，考试内容的设计不是对教材知识的简单重复或再现，而应是以课程标准的知识体系为支撑，促进学生学科素养的全面发展。这要求考试内容必须经过精心地分解、整合与重构，以确保考试既符合正确的价值观念，又体现必备的品格和关键能力。特别是在通史和专题的关系处理上，这两者要相互衬托，互为支撑。通史的扎实性直接影响专题的深入探究，因此考试内容的组织应重视这种内在联系的揭示和考查，确保考试内容既能体现专题的重要性，也不忽视通史的基础作用。

3. 难度的精确控制

难度控制是新课标下考试设计的核心问题，其精确控制直接关系考试的合理性和公平性。在新的学业质量标准引导下，考试的难度控制应基于广泛的教育共识，这不仅为教学和考试提供了清晰的方向，也防止了考试难度的不合理波动。难度的设定应围绕学科素养层级，从而有效地引导教学和学习，确保考试既考查知识的掌握，也测量学生的运用能力。通过这种方式，考试不仅能评价学生的学术水平，还能促进其综合素养的发展，进而提升应试的自信心和实际能力。

第二节　学业质量评价的目标

在教育评价中，设定明确的学习目标是至关重要的。这些目标能使教师衡量学生在学习过程中的具体进展，理解他们当前的学习状况与预期目标之间的差距。特别是对于历史教学，教师需要精心设计各种层次的学业质量评价目标，这些目标应细分为课时、单元、学期甚至学年的具体目标，并严格依据《义务教育历史课程标准（2022年版）》制定。

在设定这些评价目标时，教师需明确指出学生在完成每一个学习阶段后应达到的具体水平，如学习态度、参与度和对学习内容的掌握程度。这样的规定既帮助教师监控学生的学习效果，又为学生提供了清晰的学习方向。通过这种方式，评价过程有力支持了教学，确保了学生能够在每个学习阶段实现预定的教育成果。这种系统的目标设定方法使得学业质量评价更加具有针对性和操作性，有效地支撑了学生的持续学习与发展。

一、唯物史观的培养

学生需要通过学业质量评价了解和应用唯物史观，即从物质生产和社会结构的角度分析历史事件。评价目标包括让学生理解生产力与生产关系的互动如何影响历史进程，以及人民群众在历史发展中的决定性作用。通过这一评价目标，学生应能够对重要历史事件，如江南开发、西欧封建社会的兴衰及活字印刷术的发明等，进行深入分析，并给出基于唯物史观的解释和评价。这种能力的培养能加深学生对历史发展动因和结果的系统理解，增强他们的历史意识和社会责任感。

二、时空观念的培养

学业质量评价强调学生需要掌握历史的时空框架，包括对重要历史事件、历史人物、历史现象的时间和地理位置的准确理解。学生应能使用历史年表和地图等工具，将历史信息正确地放置在时间轴和空间上。评价目标不仅限于记忆历史事实，更重要的是能够运用这些事实，通过时间和空间的关联，形成对历史流变的整体把握。这种能力的培养有助于学生建立全面的历史观，使他们能够更好地理解历史事件在时间和空间中的相互关系及其对当下和未来的影响。

三、史料实证的培养

在历史学习中，学生必须学会如何鉴别和解读各种历史史料，包括实物、文献、图像和口述材料。学业质量评价要求学生不仅要理解这些材料的表面信息，还要深入分析材料背后的历史背景，运用史料支撑自己的观点，进行历史事件的阐述与解释。此外，学生还需展现出基于人文关怀的价值判断，如公正、同情等，这些能力的评价旨在培养学生的批判性思维和深度解析历史的能力。

四、历史解释的培养

学业质量评价要求学生能够以史料为依据，客观地认识和评判历史。例如，学生要以真实历史资料为依据，正确认识和评价历史发展的古今联系。以中国的疆域为例，学生应能够从历史演变的角度理解其变迁和发展。这要求学生不仅记住历史事实，而且能够进行跨时代的比较分析，从而识别历史发展的持续性和变化性。这种能力的培养有助于学生建立动态的历史观，使他们理解历史不仅是过去的记载，也是未来发展的基础。

（一）历史事件的因果联系

在学业质量评价中，理解历史事件的因果联系是至关重要的。这一评价目标要求学生不仅要记住历史事实，还要通过分析这些事实背后的原因和结果，深入理解历史的动态过程。例如，在考查工业革命时，学生应探究科技革新如何引发广泛的社会变革。在这个过程中，学生会学到，工业革命首先在英国兴起，技术创新和生产方式的转变，如蒸汽机的广泛应用和工厂的出现，不仅极大地提高了生产效率，也推动了城市化，改变了社会结构。这一系列变化进一步影响了政治领域，如劳工权益的提升以及儿童劳动法等的制定，显示了技术进步与社会政策变革之间的直接联系。

（二）不同领域的横向联系

在学业质量评价中，探索不同历史领域之间的横向联系是一个重要的评价目标。这种分析能力的培养，使学生能够综合多个领域的信息，来全面理解历史事件和现象。以"贞观之治"为例，这一时期是唐朝的黄金时期，表现在政治清明、经济繁荣和文化发展等多个方面。学生在研究这一历史阶段时，可以从政治制度的完善、农业和手工业的发展，以及科技和艺术的进步等角度进行探讨。唐太宗通过实施科举制的改革，选拔有能力的官员，这不仅优化了政治治理结构，还促进了社会各阶层人才的流动和社会动力的增加。在经济领域，唐太宗时期的农业政策，如均田制的实施，有效地解决了土地分配不均的问题，增强了农业生产的稳定性和可持续性，从而为经济繁荣提供了基础。同时，手工业和商业的兴起，尤其是丝绸之路的贸易繁荣，加强了与外国的经济文化交流，使得唐朝不仅物质丰富，在思想文化上还具有开放性。在文化领域，"贞观之治"时期文学艺术也相对达到了高峰，如诗歌、书法、音乐等都有显著发展，这不仅反映了社会经济的繁荣，也表达了人们的精神追求和审美情趣。

五、家国情怀的培养

学业质量评价还强调学生在学习和探究历史过程中应培养自身的人文追求和社会责任，尤其要通过历史学习培养对国家的认同感和责任感。通过学习和分析中国从封建社会到现代社会的转变，学生应能够深刻体会到中国共产党在中国现代化进程中的领导作用，以及改革开放给国家带来的深刻变化。学生也应该能够从自己家乡的发展中看到国家政策的积极影响，从而增强对社会主义核心价值观的认同，坚定对中国特色社会主义道路的信心。通过这种方式，历史教育不仅是学生认知发展的过程，也是价值观塑造和情感态度培养的过程，使学生能够在全球化的背景下更好地理解自身国家的历史与发展，并在未来社会中扮演积极的角色。

在学业质量评价中，国际视野和全球意识是另一个重要的评价目标。这要求学生通过学习世界历史，能够理解不同文明之间的多元性和差异性以及全球发展的不平衡性。例如，学生应当能通过对殖民地和半殖民地民族解放运动的研究，认识到反殖民斗争如何影响了全球南方国家的历史轨迹和现代国际关系。学业质量评价还强调，学生应通过对世界历史的学习，初步形成和平与发展的时代主题认识。在此基础上，学生应培养构建人类命运共同体的意识，理解在全球化时代中，国家之间的相互依存和合作的重要性。例如，通过分析"二战"后联合国的成立和冷战期间的国际政治，学生应能够评价国际合作在维护世界和平与促进共同发展中的作用。这种评价目标不仅能加深学生对历史的理解，而且增强了他们作为未来全球公民的责任感和使命感，为他们在未来的国际环境中作出贡献提供了思想和道德的准备。

第三节 学业质量评价的命题要素

历史课程学业水平考试，是依据学业要求和学业质量标准，对学生完成历史课程后的课程目标达成度进行终结性评价的考试。考试结果是衡量学生是否达到毕业标准和高一级学校招生录取要求的重要依据，也可以为评价区域和学校的教学质量提供参考，为教师改进教学提供指导。此处将以学业水平考试为例分析学业质量评价的命题要素。

一、历史试题设计的基本要素

历史试题的设计是一门综合艺术，它涉及将教学目标转化为可评价的元素，确保通过这些试题能够准确测量学生的历史学习水平。试题的设计包括四个关键的构成部分：立意、情境、设问，以及答案与评分标准。每个部分都承担着特定的功能，并共同构成完整的题干。

（一）立意

立意在历史试题设计中是一个核心环节，其主要任务是确保试题不仅反映学生所需掌握的历史知识，而且能有效地衡量学生的历史思维和分析能力。立意的设计需要符合以下三个关键原则。

1. 目标导向

立意必须体现试题的教育和评价目的，确保每个试题都能够在测试学生历史学科能力的同时，考查其知识的深度和广度。这意味着立意不仅要覆盖知识点，还要结合课程的培养目标，确保试题能全面评估学生的历史学习成果。

2. 准确性和独立性

每个试题的立意需要具有明确的焦点，确保每个问题都有其独立的考查目标和清晰的理论基础。这种准确性不仅有助于明确评价的范围，也便于学生理解试题的具体要求，同时保证每个试题都能单独地、准确地评价学生的某一方面能力。

3. 突出重点与层次性

试题的立意要能够突出核心的学科要点和教学重点，避免内容过于广泛而导致核心目标不明确。立意还应具有一定的层次性，通过不同难度和深度的问题，层层递进，逐步深入地考查学生对历史知识和思维的掌握程度。这种层次性和相关性的处理，有助于更全面地评价学生的历史素养和理解能力。

（二）情境

情境在历史试题设计中扮演着至关重要的角色，其主要目的是提供一个恰当的背景，使得试题能够有效地考查学生的历史思维、理解能力和应用能力。情境的设计应遵循以下两个基本原则。

1. 适应性与相关性

情境设计必须服从立意的要求，选择与考查目标相匹配的知识内容。这意味着设计者需要精心选择情境中的信息，确保其与试题的立意紧密相关，尽量避免无关的信息干扰，以提高试题的聚焦性和有效性。情境的设置应该帮助学生更好地理解和解答问题，而不是增加他们的认知负荷。

2. 科学性与新颖性

情境设计既要科学合理，也要具有一定的新颖性。科学性保证了情境在逻辑上的严密和教育上的合理，使得试题能够准确地测评所需的学科能力。新颖性则是指情境在形式和内容上的创新，它应与教材所述知识有所关联，但同时给学生带来一些新的视角和思考，从而激发他们的学习兴趣和思维活力。新颖的情境可以帮助学生在熟悉的知识框架中发现新问题和新联系，从而更深入地理解历史内容。

（三）设问

设问是考试命题的核心环节之一，它直接决定了学生能否正确理解和回答试题，从而影响考试的有效性和公平性。良好的设问应遵循以下三个原则，以确保试题能够有效考查学生的知识和能力。

1. 准确性与明确性

设问必须围绕立意准确地表达，确保问题的表述明确无误，学生能够清楚地理解所问的是什么。问题应直接来源于情境，体现情境所设立的教育目标和学术意图。这种做法有助于引导学生深入理解问题背后的历史内容和思考方式，使答案能够精准地反映学生对于历史材料的解读和分析能力。

2. 针对性与涵盖性

一个良好的设问不仅需要针对性强、聚焦于考核的重点知识和能力，还应具备一定的涵盖性，使得从一个问题可以扩展到相关的其他知识点。设问应当能够覆盖考试内容的关键方面，同时激发学生对更广泛内容的思考。这种设计可以帮助考生从一个具体问题出发，联想到其他相关或类似的历史情境，促进其思维的全面发展。

3. 创新性与亲和性

设问的方式应当新颖而巧妙，避免陈旧和刻板的问法，更应贴近学生的实际生活和认知习惯。这要求命题者不仅应具备深厚的学科知识，还需对学生的认知水平和生活经验有足够的了解。创新的提问方式可以增加试题的吸引力，提高学生的参与度和答题的积极性。同时，亲和性的设问可以减少学生对问题的误解，确保试题能够更有效地评价学生的历史学习成果。

（四）答案与评分标准

答案的设计和评分标准的制定是考试命题过程中至关重要的一环，它们直接影响评价的有效性、公平性和教学的引导作用。以下是答案设计和评分标准制定应遵循的操作原则和注意事项。

1. 明确性与包容性

答案设计应明确规定正确答案的具体内容和格式，以确保评分的一致性和公正性。考虑到学生可能从不同的角度或使用不同的方法解答相同的问题，答案设计应有一定的包容性。这意味着在评分时能够接受多样化的正确答案，尤其是在开放式题目中。设计答案时，命题者应详细列出所有可能的正确答案和常见的错误答案，并在评分标准中明确如何处理部分正确的答案，这样可以增加评分的公正性和准确性。

2. 透明性与一致性

评分标准应公开并透明，确保所有评分人员和学生都能清楚理解评分的标准和规则，包括具体说明每个答案或答案部分的得分点，以及如何为答案的不同方面分配分值。评分标准应保持一致性，确保不同的评分人员在相同的标准下进行评分，避免主观偏差影响评分结果。组织者应定期培训评分人员，确保他们理解并能准确执行评分标准。

3. 灵活性与指导性

考虑到学生的创造性和思维的多样性，答案设计和评分标准应具有一定的灵活性，鼓励学生从多角度和多层面解析问题。同时，评分标准应能指导学生朝着课程目标和学科能力的提升努力，而不仅仅是记忆知识点。答案的设计不应只限于检测记忆能力，更应侧重评估学生的分析、评价和创新能力。这样的设计有助于引导学生在学习过程中发展高阶思维技能。

（五）案例分析

1. 立意

例：造纸术、印刷术、火药和指南针是我国古代的四大发明，这些发明对全人类的文明与进步产生了很大的影响，其中有利于人类文化快速、广泛传播和交流的是（　　　）。

①火药　②指南针　③印刷术　④造纸术

A. ①②　　B. ②③　　C. ③④　　D. ①④

分析：此题的立意在于检测学生对中国古代四大发明——造纸术、印刷术、火药、指南针——的认识，以及对这些发明对人类社会发展影响的理解。题目特别聚焦于哪些发明更直接地促进了人类文化的传播和交流。在给出的选项中，印刷术和造纸术最为直接地与文化传播和交流相关：印刷术（选项③）使书籍和文档的复制成本大幅降低，信息可以更快、更广泛地传播给更多的人；造纸术（选项④）提供了印刷的基础材料，同样降低了书写和印刷的成本，加速了文化和知识的传播。因此这道题的正确答案是C，这一答案体现了这些发明对促进文化快速和广泛传播的重要作用。这种题型的立意是希望学生不仅能记住这些发明，还能理解它们在历史上的作用和意义。

2. 立意与情境

例：阅读下列材料，回答相应问题。

材料一：（秦始皇）收泰半（三分取其二）之赋，发闾左之戍。男子力耕不足粮饷，女子纺绩不足衣服，竭天下之资财以奉其政，犹未足以澹其欲也。——《汉书·食货志》

材料二：（汉高祖）约法省禁，轻田租，十五而税一……文帝即位，躬修俭节，思安百姓……遂除民田之租税。后十三岁，孝景二年，令民半出田租，三十而税一也……至武帝之初七十年间，国家亡事，非遇水旱，则民人给家足，都鄙廪庾尽满，而府库余财。——《汉书·食货志》

回答：

分别概括材料一、材料二所反映的历史现象。结合材料分析封建统治者的赋税政策与经济发展、社会安定的关系。

分析：本题通过引用两个历史材料来探讨秦汉时期封建统治者的赋税政策对经济和社会的影响。通过这样的对比分析，学生不仅能够了解两个不同历史时期的具体政策，而且能深入理解这些政策对社会经济发展和人民生活的长远影响。

题目立意：这一试题的核心目的是让学生理解和分析不同的赋税政策如何影响一个国家的经济状况和社会稳定。材料一描述的是秦始皇高压政策下的重税使民不聊生的情况；而材料二则展示了汉朝较为宽松的赋税政策带来的国家富裕和社会安定。通过这两个对比鲜明的例子，题目主要是让学生探讨政策选择对国家和社会的直接影响。

情境设置：情境通过历史材料的形式呈现，让学生在实际的历史背景中进行思考和分析，这种情境设计既科学又具有教育意义。它不仅让学生接触到真实的历史文本，还要求他们从中提取信息，进行比较和评估。这种基于材料的分析训练能够有效提升学生的历史思维能力，使他们能够从更深层次理解历史事件的因果关系及其对现代的启示。

3. 立意、情境与设问

例：隋炀帝是历史上有名的暴君，但是他的政略举措对中国历史的发展也发挥过积极作用。列举这些政略举措，并说明其历史意义。

分析：本题目的设计着重于挑战学生对历史人物单一角度的理解，并鼓励他们从多个角度审视历史人物的复杂性。具体来说，题目提出隋炀帝虽为众所周知的暴君，却也推出过对中国历史发展产生积极影响的政策。这样的立意旨在促使学生既要复述历史事实，又要进一步分析和评价这些政策的长远意义。

题目立意解析：本题要求学生列举隋炀帝的政略举措，并分析这些举措对中国历史的影响。这不仅帮助学生了解隋炀帝的政治策略，还培养他们的批判性思维和独立思考能力。通过这样的分析，学生可以从历史教材中常见的单一暴君形象，看到一个更为立体的历史人物，这种立体视角有助于学生形成更全面的历史认知。

情境设置：题目通过提出一个看似矛盾的观点——一个有名的暴君如何也能对历史发展产生一定积极作用，为学生设立了一个思考的情境。这种设置激发了学生的好奇心和探究欲，鼓励他们探索历史的多维性，而不是停留在教科书给予的简单标签上。

设问分析：设问部分要求学生"列举并说明意义"，这不仅测试学生的知识记忆，还考查他们将知识转化为见解的能力。通过这样的问法，学生需要在答题时进行信息的整合和思维的拓展，从而体现他们的理解能力和评价能力。这种设问方式充分考虑了学生的认知水平和理解的深度，是一个对学生能力层次有良好考量的问题设置。

在新课程标准指导下的历史教育中，考试不仅仅是对学生历史知识的测试，更是一种多维度的历史体验的重现。这意味着，在历史考试的试题编制中，教师和命题者应特别注重营造一个生动和丰富的情境，以及重视设问的灵活性和亲和力。这种方式不仅能激发学生的学习兴趣，而且能够加深他们对历史感受的理解和体验。

历史教育在课程改革中越来越强调人文关怀和开放视野的价值追求。因此，历史学科考试的评价方式也应反映这种教学理念，增添更多的鲜活与生动元素，更具亲和力。试题应该通过构建具有吸引力的历史情境，使学生能够在考试中"再入"历史，体验历史的丰富色彩和深刻意义。在试题的构建过程中，命题者可以融合多种学科的知识，如文学、艺术、音乐等，来丰富历史的考查情境。例如，引入诗词、歌谣和文学作品作为题材，不仅能提升题目的文化内涵，还能增强学生对试题的兴趣和参与感。这种跨学科的题目设计有助于打破传统的历史考试模式，使考试与学生的日常历史学习更加紧密相连，形成一条连续的学习与评价链。

二、历史主观题

在历史学科的考核中，主观题起着至关重要的作用。相较于客观题，主观题更能展现学生对历史的深入理解和个人阐释。历史不仅是对过去的回顾，还是现代人与历史人物之间的对话，是一种持续的思考和解释过程。在此过程中，主观题要求学生不仅回答具体的历史事实，而且要在较宽的视野中表达自己对历史事件的见解，从而考查其历史思维和创造性思考能力。

主观题的设计应围绕开放式的思考和广阔的时空背景，不仅包括材料解析、分析论证，还可以扩展到实践探究和读史报告等形式。这种题型的设计旨在引导学生组织和表达个人见解，通过与历史材料的互动，展现其对历史现象的理解和评价。与客观题相比，主观题的评分更为复杂，需要考虑学生答案的创造性、准确性和完整性，分值的设定不仅反映出题意图，也是引导教学和学习方向的重要工具。在主观题中，答案的设计和评分是一项挑战，因为它需要精确地匹配考核的目标和学生的表达能力。答案不应该是简单的事实复述，而应包含对问题的深层分析和个性化的见解。评分者在评分时需考虑答案的深度和广度，以及学生如何利用历史知识来构建答案。这要求评分者具备高度的专业能力和公正性，以确保评分标准的一致性和适用性。

（一）材料解析题

在历史学科中，材料解析题扮演着重要角色，它旨在检验学生通过具体的历史材料展现历史认知与分析能力的水平。这类题目不单纯依赖知识量的堆砌，而是强调通过材料引发学生的思考和创新。有效的材料解析题应该能使学生在熟悉的知识框架下挖掘新的视角和信息，激发他们的历史思维。

材料解析题中材料的选择应依托教材中的关键点，同时具有一定的开放性和新颖性，使学生在似曾相识中感受到新知的挑战。这样的材料不仅要信息量充足，能够支持深入地分析和讨论，而且要求文字清晰，无阅读障碍。设计者需要确保材料具备足够的分析难度，但同时避免过度复杂，保证学生能够有效理解和利用。

设问应围绕材料展开，具体问题应该设计为逐步深入的形式，从简到难，逐步引导学生从基础认识到深层次的思考。问题之间应相互关联，形成一个逻辑上紧密相连的问答链，最终指向深入的理解或高层次的思考。此外，问题的设立还应激发学生的创新思维，通过材料到问题的转换，检验学生的历史解释能力、批判性分析能力和应用知识的能力。

（二）问答题

问答题在各类题型中具有极高的灵活性和变化性，因此被视为一个包罗万象的"大箩筐"。要构思一道合格的问答题，必须包含四个基本的构成要素：提示项、限定项、中心项和求答项。

提示项的作用是设定答题时的思维方式和表达方式，如概括、分析、比较或结合史实进行归纳简述等，以引导学生如何思考问题，从而确定他们解答问题的方法。限定项则具体限制答题的时间和空间范围，它帮助学生聚焦于特定的历史时期或地理区域，从而精确地框定答题的背景。中心项是构成题目的核心，它明确了讨论的主题或对象，如"美国成为资本主义世界的霸主"。围绕这一中心，命题者可以设计多样的提示项和限定项，以提出更具体的问题。最后，求答项则是问题答案的展开主题，如探讨原因、结果、影响、性质、特点、异同点或启发性认识等。

以美国在 20 世纪中期成为资本主义世界的霸主为例，一个有效的问答题可以是"在第一次世界大战、第二次世界大战期间以及冷战初期（1946—1955 年），美国是如何逐步确立并巩固其在资本主义世界的霸主地位的？"。在此问题中，提示项是要求考生通过概括的方式指出美国的霸权发展，限定项明确了时间跨度从"一战"到 1955 年，中心项聚焦美国在资本主义世界中的霸主地位，求答项则探讨了美国如何逐步确立和巩固这一地位的具体过程。

通过精确设定这四个要素，问答题不仅能有效考查学生的历史知识和理解能力，也促使他们在回答过程中展现出批判性思维和综合分析能力。这种题型的灵活性和深度使其成为评估学生历史学科综合能力的重要工具。

在当前的教育评价体系中，传统考试往往偏重知识和技能的测评，而对学生的情感态度和价值观的考查则相对忽视。这种偏向抽象的评价方式，并未能充分反映历史学科在新课程中所强调的人文关怀和价值追求，也未能完全契合发展性评价的理念。在设计历史问答题时，命题者不应仅局限于对知识和能力的检验。题目的构建应该更具创新性，能够创设富有生活气息和鲜明特色的情境，从而更贴近学生的实际生活和感受。例如，通过设置一种模拟地探究和讨论历史的学习场景，命题者可以使问题的设定更加具有探索性和互动性，从而激发学生的学习兴趣和参与感。

题目的表达方式也应适当采用探问性的语气，这样既能保持历史学科的尊严，又能引导学生深入思考。如果试卷的长度允许，教师应充分利用这一优势，通过虚拟或创设的情景提出需要考量的问题，这样不仅能够测试学生的历史知识和分析能力，还能有效地评价他们的情感态度和价值观。因此，在问答题的设计与评价中，教师应更加注重情感和价值观的维度，使其成为评价体系中的一个重要方面。这样的转变将有助于更全面地评估学生的历史学科素养，也符合新课程标准的教育目标和发展性评价的要求。

第四节　学业质量评价的创新实践

在学业质量评价中，一个全面而系统的评价体系是至关重要的。这一体系不仅包括传统的期末评价，还涉及课堂评价、作业评价、单元评价以及跨学科主题学习评价等多个层面。每一种评价形式都有其独特的重要性和作用，它们共同构成了一个连贯、全面的评价体系，有助于全面地反映和提高学生的学业成绩和学习效率。

一、开展课堂评价

在初中阶段的历史教学中，课堂评价主要通过实时观察学生的课堂行为进行。这一过程涉及对学生如何提问、参与课堂讨论、分析历史材料及其表达方式的深入观察。通过这种实时反馈，教师能够评估学生对课堂内容的吸收程度、参与度以及他们对历史概念和事件的理解。

教师通过监测学生在讨论重大历史事件时的互动和反应，可以判断学生的批判性思维能力是否在提升，他们是否能够有效地连接历史知识与现实世界的问题。此外，学生的课堂表现也反映出他们的沟通技巧和团队合作能力，这些都是现代教育中不可或缺的技能。在进行课堂评价时，教师还需要注意学生的情感反应和态度，如他们对历史话题的兴趣和敏感性。通过课堂观察，教师可以发现哪些教学方法能激发学生的兴趣，哪些需要调整或改进。例如，通过采用多媒体教学工具、历史剧表演或模拟活动，教师可以使历史学习变得更加生动和互动，从而增强学生的学习动力。

二、开展作业评价

作业评价衡量了学生在课堂之外的学习成果，帮助教师了解学生的知识理解深度和应用能力。这种评价通常涵盖了一系列多样化的作业形式，包括历史模型制作、调查报告、论文写作等。通过这些具体任务，学生能够将课堂上学到的理论知识应用于实际的历史探究中，从而加深对历史事件、人物和时间线的理解。作业评价特别强调创新性和深度，鼓励学生在完成作业时展现其综合性思维和探究性方法。例如，在制作历史模型时，学生需要准确地还原历史场景，并能够解释模型中展示的历史事件的重要性及其对现代社会的影响。在撰写历史调查报告或论文时，学生则需要展示其批判性思维能力，通过分析和评价不同的历史来源支持自己的观点。

教师在进行作业评价时，会细致考查学生作业的每个方面，从信息的准确性到思维的原创性，从资料的使用到论证的逻辑性。此外，教师还会关注学生在完成作业过程中的心理感受，如学生对某一历史主题的兴趣、在研究过程中遇到的困难以及如何克服这些困难。这种关注能帮助教师提供更加个性化的学习支持和反馈，确保学生不仅学习历史知识，而且在学习过程中能够获得成长和发展。

通过调整作业的难度和类型，教师可以确保所有学生都能根据自己的能力和兴趣进行学习。这种灵活性使学生能够在不同的学习路径上取得进步，也提高了他们完成作业的动力和学习的自驱力。总而言之，作业评价不仅是对学生学术能力的一种检测，还是教育过程中对学生全面发展的关注和促进。

三、开展单元评价

单元评价在教育过程中是关键的一环，特别是在初中阶段的历史教学中，它通过纸笔测试和相关作业评估学生对一个特定学习单元的掌握情况。这种评价方式旨在确保学生能够综合理解并运用单元中所学的历史知识和技能，同时达到预定的学习目标。在进行单元评价时，教师首先需要制定明确的评价指标，这些指标应覆盖课程内容的关键点以及课程所要培养的核心素养。例如，单元涉及工业革命，评价指标会包括对工业革命的主要事件、重要人物、经济和社会影响的理解，以及分析历史变化及其对现代社会影响的能力。

纸笔测试是单元评价中常用的工具，教师在设计时应确保测试能够全面覆盖单元内的所有重要内容和学习目标。试题形式可以多样，包括选择题、填空题、简答题以及论述题等，这些都是检验学生知识掌握程度和理解深度的有效方式。通过这种多样化的题型，教师能够评估学生对历史事实的记忆、对历史事件的分析能力以及批判性思维的运用。同时，单元内的作业设计也应与纸笔测试相辅相成，根据单元的特点和需要考查的核心素养进行巧妙设计。教师可以要求学生完成一个关于某个历史事件的研究报告，或者创

建一个与单元内容相关的项目，如模拟一个历史事件的角色扮演或进行一次
小组讨论。这样的作业不仅促使学生应用所学知识，还能激发他们的创造力
和合作精神。

当然评价的体量也需要考虑学生的负担，确保测试和作业的任务量适
中，既能够有效评价学生的学习成果，又不会给学生带来过重的压力。通过
合理的单元评价，教师可以得到学生学业成就的直接反馈，从而对教学内容
和方法进行及时调整和优化，确保教学效果与教学目标的一致性。

四、开展跨学科主题学习评价

跨学科主题学习评价是一种全面评估学生如何将历史学科的知识应用于
多个学科的学习中的方法。这种评价方式要求历史教师与其他课程的教师密
切合作，共同设计和实施评价策略，以确保能够从多角度全面地理解学生的
学习成果。评价将关注学生在跨学科主题学习活动中的表现，不仅包括他们
在历史学科中的学习表现，也包括他们如何将历史知识与其他学科，如语
文、地理或艺术等课程相结合。比如，在一个关于"古代文明"的跨学科项
目中，学生需要使用他们的历史知识分析不同文明的发展，同时利用地理知
识探讨这些文明的地理分布和自然环境的影响，再通过在艺术课程中学习的
技能再现古代文明的艺术风格。

这种评价会特别关注学生在各科学习过程中所表现出的历史素养，如时
空观念、史料实证和历史解释的能力。例如，学生在语文课上阅读古代文学
作品时，能否准确地把握作品的历史背景和社会环境；在道德与法治课上，
学生能否利用历史案例支持法律和道德原则的讨论。此种评价还将考查学生
表现出的跨学科共通素养，如唯物史观和对家国情怀的理解与表达，包括学
生是否能够在不同学科中运用类似的思考模式解析问题，以及他们如何将个
人学习与广阔的社会、文化和历史背景相联系。

评价结果的解释和反馈对于学生的学习进程至关重要。评价的焦点放在
学生的进步和成长上时，不仅可以提高学生对学习内容的理解，还能显著增
强他们的学习动力和自信心。教师应特别关注学生在知识掌握、方法应用、

解决问题能力以及论证和表述技巧上的进步。同时，学生在学习过程中的合作交流、情感态度以及其他个人和社交能力的变化也非常重要。这种全面的反馈机制有助于学生更全面地了解自己的学习情况，促使他们在收到评价后能够有效地总结经验，优化学习策略，补齐短板，从而在未来的学习中取得更好的成绩。

为了确保评价结果能够有效地反馈给学生，教师需要通过适当的渠道及时将评价结果传达给学生，并提供具体的、有针对性的鼓励和指导。这些反馈应具体到每个学生的实际表现，以帮助学生建立自信，激发他们对历史学科的兴趣和热情。教师还应利用评价结果发现并解决教学过程中的问题，根据学生的学习需要及时调整教学内容和进度，优化教学方法和策略。建立一个开放的师生对话平台也极为重要，它为教师和学生提供了一个共同讨论、解读评价结果的机会。这种互动不仅能增加评价的透明度，还能提高评价结果的使用效率，确保教学活动更加精准地响应学生的学习需求和期望。

五、开展期末评价

期末评价是教育评价中的一种重要形式，旨在综合评价学生一个学期内的学习情况。它不仅涵盖了纸笔测试的传统形式，还应综合考虑多种评价方式，如课堂评价、作业评价、单元评价和跨学科主题学习评价。这种多元化的评价方式有助于全面了解学生的学业成就、学习进程和核心素养的发展。

为了确保期末评价的信度和效度，纸笔测试的设计需要注重多维度和全面覆盖。通过建立详尽的多维细目表，教师可以将课程内容所体现的核心素养分解为多个维度，并据此设计试题。试题应覆盖整个学期的教学内容，重点测试学生如何将所学知识应用于解决新情境下的历史问题，从而真正考查学生的理解和应用能力。期末评价的试题设计应致力于创设贴近生活、易于理解的情境。这种设计不仅能提高学生的学习兴趣，还能帮助学生更好地将历史知识与现实世界联系起来，增强他们的历史思维和批判性思维能力。

传统的评价方式倾向于结果导向，忽视了学习过程中的思维发展和策略应用。创新的期末评价转向更加关注学生的学习过程，如思维的形成、假设的建立以及证据的使用方法。这种过程中心的评价帮助学生迎接挑战、解决问题，从而促进他们深入学习和理解。重视学生在学习过程中的各种尝试和探索体现了期末评价鼓励学生养成科学学习习惯的愿景，包括培养学生对事物的好奇心和创造性思维，以及面对挑战时的坚韧和创新。这样的评价机制有助于培养学生解决实际问题的灵活性和创造性。

这种创新的评价方式提供了对每个学生学习轨迹的连续跟踪，强调个体在不同时间点的进步和成就。这种评价不仅能反映学生的学业成就，还能促进他们的情感体验和价值观的发展，从而更全面地支持学生的发展。关注过程的评价方式帮助学生营造一种积极的学习氛围，在这个过程中，学生被鼓励探索、犯错和修正，而不是仅仅为了获取一个较好的考试成绩。这样的环境鼓励学生追求知识和技能，而不是表面的应试策略。通过综合利用课堂评价、作业评价等多种评价形式，期末评价能够更好地测量和支持五大核心素养的发展，这种全面的发展是传统单一评价方式难以达到的。

参考文献

[1] 束鹏芳.中学历史教学评价 [M].长春：东北师范大学出版社，2005.

[2] 曹小燕.中学历史课程教学设计与评价研究 [M].北京：北京工业大学出版社，2022.

[3] 刘新军.学校历史教学理论及教学评价 [M].北京：团结出版社，2020.

[4] 王继平.历史解释的教学设计与学业评价 [M].广州：广东高等教育出版社，2020.

[5] 黄牧航，张庆海.中学历史学科核心素养的教学与评价 [M].北京：人民教育出版社，2020.

[6] 周靖.中学历史学科课程思政教学纲要：贯通、进阶的初高中一体化教学与评价 [M].桂林：广西师范大学出版社，2023.

[7] 侯桂红.中学历史教学设计及评价 [M].北京：北京师范大学出版社，2016.

[8] 高凌飚，陈冀平，黄牧航.历史教学与学业评价 [M].广州：广东教育出版社，2005.

[9] 丁锦辉.初中教学评价：历史 [M].北京：光明日报出版社，2006.

[10] 刘军.历史教学的新视野 [M].北京：高等教育出版社，2003.

[11] 吴文勇.高中历史教学评价方法研究 [J].亚太教育，2016（35）：100.

[12] 张瑞.从初中历史教学评价的新方向看学生的发展：以初中课程标准（2011）有关内容规定为基础 [J].亚太教育，2016（29）：160.

[13] 彭景芬.浅谈农村中学的历史教学 [J].才智，2016（21）：51.

[14] 邓云，张奕 . 发展性历史教学评价的理念价值与实践应用 [J]. 教学与管理（理论版），2016（6）：91-93.

[15] 肖广述 . 析高中历史课堂教学实效性的提升 [J]. 亚太教育，2016（17）：145.

[16] 靳永志，赵伟华 . 新课改背景下高中历史教学评价的问题及对策 [J]. 西部素质教育，2016，2（10）：99.

[17] 孙建 . 初中历史教学改革如何体现四个要点 [J]. 黑龙江教育（理论与实践），2015（11）：75-76.

[18] 刘毓，贾沛沛，刘传明 . 现代互联网教学评价信息管理系统设计与实现 [J]. 西安邮电大学学报，2015，20（1）：119-124.

[19] 范华莉 . 历史微格教学评价法及评价指标研究 [J]. 现代妇女（理论版），2014（9）：34-35.

[20] 唐忠，陈春莲 . 我国高校教学评价体系历史及现状分析 [J]. 领导科学论坛，2014（9）：29-31.

[21] 王丽丽 . 基于核心素养的初中历史大单元教学初探 [J]. 中学历史教学参考，2024（11）：70-72.

[22] 刘宇 . 以教学评价促进历史学科的有效教学 [J]. 文史博览（理论），2014（1）：82-83.

[23] 崔文娟 . 论中学历史课堂教学评价策略 [J]. 才智，2013（23）：112-113.

[24] 王毅凤 . 浅谈新课改中历史教学评价的改变 [J]. 知识经济，2012（6）：174.

[25] 司恒花 . 浅谈历史教学中如何发挥评价的激励功能 [J]. 才智，2011（28）：123.

[26] 谢中 . 新课改下的初中历史教学 [J]. 科学咨询（教育科研），2011（23）：84.

[27] 余春瑛 . 对教学评价的文化哲学思考 [J]. 教育探索，2011（3）：20-21.

[28] 何普满.新课程改革中历史教学评价的改变 [J]. 中国教育技术装备，2010（13）：130.

[29] 陈健，高红.略谈中学历史教学改革的方向 [J]. 吉林省教育学院学报，2010，26（4）：115-116.

[30] 殷军.实施素质教育深化中学历史教学改革 [J]. 科技信息，2010（2）：48.

[31] 扈克俊.对传统历史教学的反思及对策[J].科学大众（科学教育），2009（11）：22.

[32] 王顺.中学历史教学评价途径的思考 [J]. 科技资讯，2009（16）：187.

[33] 唐丽云.试谈新课标下高中历史教学评价 [J]. 今日南国（理论创新版），2008（8）：65-66，69.

[34] 赵琳霞.谈历史教学的评价标准 [J]. 陕西教育（高教版），2008（5）：42，75.

[35] 孟月秋.实施素质教育深化中学历史教学改革 [J]. 科技信息（学术版），2008（14）：210，212.

[36] 张书豪.历史课堂教学评价方法改革初探[J].新乡教育学院学报，2006，19（2）：113-114.

[37] 尚金兰.学科核心素养背景下初中历史教学思考 [J]. 中学历史教学参考，2024（10）：56-59.

[38] 单怀俊.新课程与历史教学评价改革的系统思考 [J]. 学科教育，2004（8）：18-22，38.

[39] 马卫东.试论基础教育改革过程中历史教学方式的变革 [J]. 历史教学问题，2003（1）：68-69，78.

[40] 范何勇.素质教育下历史教学评价的新视野[J].宜宾学院学报，2002，2（6）：81-83.

[41] 高会宗，李春仁.试评传统教学评价机制的功与过：兼析应试教育的历史与未来 [J]. 教育理论与实践，2002，22（3）：33-34.

[42] 张增强，张桂芳，张静.实施素质教育 深化中学历史教学改革 [J].历史教学，2002（2）：27-30.

[43] 朱汉国.谈谈初中历史教学大纲的修订 [J].学科教育，2001（4）：10-13.

[44] 韩继萍.中学历史教学的"减负"应与"提质"并进 [J].广西右江民族师专学报，2000，13（增刊1）：26-27.

[45] 王汉卿，翟铁倪，孙飞，等.同班异科、同科异班、异班异科教学的评价研究 [J].辽宁教育学院学报，1999（3）：68-70.

[46] 陈庆军.试论高中历史教学中的考试与评估 [J].历史教学，1997（8）：16-20，2.

[47] 徐仁忠，武文治.搞好教学评价工作 登上新的历史台阶 [J].武警学院学报，1996（1）：4-6.

[48] 黄靖.核心素养导向：初中历史教学评价体系构建之我见 [J].中学历史教学参考，2023（17）：66-67.

[49] 范清清.基于历史情境重构的教学评价实施路径初探 [J].中学历史教学参考，2023（11）：25-29.

[50] 宋海微.伟大建党精神融入新时代高校思政课教学的三维探讨 [J].理论导刊，2022（12）：123-127.

[51] 时玲.探索多维度教学评价、促进学生核心素养发展：基于学科核心素养发展的高中历史多维度教学评价探索 [J].历史教学问题，2022（4）：149-155.

[52] 吴辰超."互联网+"背景下初中历史学科核心素养的内涵与培养路径 [J].中国新通信，2024，26（7）：227-229.

[53] 吴晓丽.摭谈历史教学评价方法的构建 [J].科学咨询（教育科研），2021（46）：172-174.

[54] 魏付坤.关注人 优化人 彰显人：基于核心素养的初中历史教学育人策略探究 [J].现代教育，2024（增刊1）：54-58，64.

[55] 王驰，刘芳 . 论高中历史教师如何进行教学反思 [J]. 西部素质教育，2018，4（2）：218–219.

[56] 胡利利 . 构建高中历史教学评价新体系：以历史学科核心素养为导向 [J]. 科教导刊，2017（15）：119–120.

[57] 黄晓辉，钟茂生，熊李艳，等 . 基于混合高斯模型融合历史评价信息的高校教学评价方法 [J]. 亚太教育，2016（36）：153，118.